旅游规划与设计

TOURISM PLANNING &DESIGN

健康旅游与养老旅游

Wellness Tourism and Senior Lifestyle Travel

旅游规划 ＋ 自然游憩 ＋ 景区管理　　北京大学城市与环境学院旅游研究与规划中心　**主编**

中国建筑工业出版社

图书在版编目（CIP）数据

旅游规划与设计：健康旅游与养老旅游 = Tourism
Planning & Design: Wellness Tourism and Senior Lifestyle
Travel/ 北京大学城市与环境学院旅游研究与规划
中心主编.—北京：中国建筑工业出版社，2022.4
ISBN 978-7-112-27005-7

Ⅰ．①旅… Ⅱ．①北… Ⅲ．①旅游规划-研究②
旅游保健-研究③城市旅游-旅游业发展-研究
Ⅳ.①F590.1②R161③F590.75

中国版本图书馆CIP数据核字(2021)第270004号

主编单位：

北京大学城市与环境学院旅游研究与规划中心　　北京大地风景文化旅游发展集团有限公司

编委（按姓名拼音排序）：

保继刚（中山大学）	陈　田（中国科学院）	陈可石（北京大学深圳研究生院）
高　峻（上海师范大学）	刘　锋（巅峰智业）	刘滨谊（同济大学）
罗德胤（清华大学）	马晓龙（南开大学）	马耀峰（陕西师范大学）
石培华（南开大学）	唐芳林（国家林草局）	王向荣（北京林业大学）
魏小安（世界旅游城市联合会）	谢彦君（海南大学）	杨　锐（清华大学）
杨振之（四川大学）	姚　军（中国旅游景区协会）	张　捷（南京大学）
张广瑞（中国社会科学院）	周建明（中国城市规划设计院）	邹统钎（北京第二外国语学院）

名誉主编：　刘德谦

主编：　吴必虎
特约主编：　钟栎娜
常务副主编：　戴林琳
副主编：　钟栎娜　李咪咪　汪　芳　高炽海
策划：　林丽琴　姜丽黎
装帧设计：　王　立
责任编辑：　王晓迪
责任校对：　姜小莲

封面图片提供：游华东
封面图片说明：福建省漳平市台品樱花茶园
扉页图片提供：赵香娥
扉页图片说明：江苏无锡田园东方
封二底图提供：徐晓东
封二底图说明：台湾清境农场
封三底图提供：王会龙
封三底图说明：内蒙古柴河月亮天池景区徒步

旅游规划与设计　健康旅游与养老旅游
Tourism Planning & Design　Wellness Tourism and Senior Lifestyle Travel
北京大学城市与环境学院旅游研究与规划中心 主编

中国建筑工业出版社 出版、发行（北京海淀三里河路9号）
各地新华书店、建筑书店经销
天津图文方嘉印刷有限公司印刷

＊

开本：880毫米×1230毫米　1/16　印张：9½　字数：274千字
2022年4月第一版　2022年4月第一次印刷
定价：**58.00** 元
ISBN 978-7-112-27005-7
（38809）

序

健康旅游与养老旅游

21世纪以来，随着社会发展和科技进步以及人们生活水平和收入水平提高，人对压力及对自身健康的关注度也有所提高，旅游、文化、体育、健康、养老等幸福产业高速发展，已经成为驱动世界经济前行的新发展浪潮。特别是健康产业、旅游产业、养老产业三个千万亿级产业在全球范围进一步融合发展，使得康养旅游、医疗旅游、养老旅游、健康旅游等术语频繁出现在各种出版物中。虽然世界各国学者对于康养旅游的定义尚未达成共识，然而，学术界往往会拆出"康"和"养"两个元素进行研究。以健康为主题，旨在为不同年龄的旅游者促进、稳定和恢复身体、精神健康，并提高生活质量与幸福感的健康旅游和养老旅游已成为全球旅游产业转型发展中重要的类型和主流趋势之一。

从国际视角来看，数据显示，目前世界上有超过100个国家和地区正在开展健康旅游和养老旅游。2022年，全球康养旅游市场预计收益约达9200亿美元，相比2012年4386亿美元的市场收益增加了近4900亿美元，复合增长率达11%。欧美市场发展康养旅游的历史更为悠久，人次和消费都居全球第一；而亚太地区也表现出非常强劲的增长力，增长速度位居全球第一，特别是中国和印度增长尤为迅猛。

就中国国内情况而言，自2013年到2017年，中国康养旅游的规模就从30万人次增加到70万人次，从全球第11位跃升到第3位。据统计，2015年，国内康养旅游的交易规模约为400亿元，占旅游交易总规模的1%左右。最近五年，从2016年到2020年，我国康养旅游的市场规模呈现快速增长的态势，年复合增长率约20%，2021年市场规模达到1000亿元左右。究其原因，大概有三：第一，随着我国经济社会的发展和人民生活水平的提高，人们对健康和提高身体素质的需求不断增加，特别是2019年健康中国战略发布之后，健康产业已经成为新常态下经济增长的重要引擎，人们更加追求健康体验和精神享受，健康已经成为中国人民对美好生活追求的重要组成部分，也是中国梦不可或缺的有机组成部分；第二，进入21世纪，中国步入老龄化社会，现有老龄人口已超过2亿，且每年以近800万的速度增加，人口老龄化程度不断加深，养老需求更加旺盛；第三，我国亚健康人群不断增加，全国约有70%的人处于亚健康状态，15%的人处于疾病状态，受2020年新冠肺炎疫情影响，大健康概念被带动，人们也更加重视健康，这或将助力康养旅游占比进一步提高。

新冠肺炎疫情在全球肆虐，包括中国在内的所有国家和地区，都采取了不同程度的限制措施，这些措施对日常生活及各行各业都产生了影响，对旅游行业更是带来了毁灭性的打击。面对全球性的"至暗时刻"，更应该积极地探索变革之路，研究未来的制胜之道。健康旅游和养老旅游或许会在疫情期间及疫情之后获得重要的发展机遇，值得我们花更多的时间和精力去研究摸索——探索康养旅游的内涵、模式与产品；研究如何以健康中国为核心，跨产业、泛行业政策深度融合，助力康养旅游发展；把握不同年龄层人群对健康的理解和康养需求的变化，助推康养旅游产品迭代；研究将自然、人文及科技医疗元素植入促进康养旅游多元化和年轻化的产品组合；促进市场主体联合发展，金融系统多元支持，供应来源多元发展；逐渐弥补缺失元素，规范康养旅游发展。基于此，吴必虎教授发起的"健康旅游与养老旅游"主题，从概念、发展与战略，旅游需求与行为分析，国际视野与比较研究，产品开发与策略分析，发展模式与规划案例五个部分对健康旅游与养老旅游进行了系统性的理论和实证研究。感谢恩师吴必虎教授邀请本人主持本书的编辑工作，感谢各位作者的辛苦研究和不懈努力，感谢策划组林丽琴和姜丽黎在工作中的辛勤付出。希望本书的出版，能帮助健康旅游和养老旅游为更多人认识和了解，更乐见行业未来向好发展。

特约主编

钟栎娜

北京第二外国语学院旅游科学学院教授

旅游规划与设计
TOURISM PLANNING & DESIGN

旅游规划 + 自然游憩 + 景区管理

目　录

健康旅游与养老旅游

CONTENTS

旅游规划与设计 TOURISM PLANNING &DESIGN

旅游规划 ＋ 自然游憩 ＋ 景区管理

Wellness Tourism and Senior Lifestyle Travel

墨西哥尤卡坦半岛坎昆度假海滨

健康旅游与养老旅游：概念、发展与战略

Wellness Tourism and Senior Lifestyle Travel: Concept, Progress, and Strategy

中国养生旅游的哲学思辨与产品映射：对世界健康旅游的补充

The Application of Chinese Philosophy on Wellness Tourism Products Development: Implications for World Health Tourism

文 / 徐焕哲　李晓南

【摘　要】

养生具有浓厚的中国文化特色，中华养生文化来自中国传统文化。在中国式养生哲学和东方哲学的映射下，我国产生了不同于西方的养生旅游产品。本文从佛、儒、道养生思想的角度研究中国式养生旅游思想及其在东方养生旅游产品上的投射，为全球健康旅游发展提供新的思路。

【关键词】

中国哲学；旅游产品；养生旅游；养生之道

【作者简介】

徐焕哲　北京第二外国语学院旅游科学学院本科生

李晓南　北京第二外国语学院旅游科学学院硕士研究生

1 导言

健康旅游最早源于20世纪30年代的美国新墨西哥州，并且得到了世界各国休闲旅游研究者的关注。现代养生旅游旨在维持和修复健康，通过健身活动和医疗保健项目吸引消费者，满足游客放松身心的需要。随着老年人口数量增加、亚健康人口比例加大，21世纪，养生旅游在全球范围内，尤其是在法国、匈牙利、奥地利等国家，得到了迅速发展。日本、印度、泰国等国家则凭借价格优势和特殊的健康旅游产品获得了健康旅游者的青睐。相比于传统旅游的逃避主义行为或者享乐主义行为，健康旅游在压力管理、个人发展等方面发挥了重要作用，而这在日常生活中不容易实现。如今注重健康、恢复活力和发现目的地的旅游业新形式正在兴起（Erik et al., 1979）。根据《走向健康：体育活动的全球经济》（*Move to be Well: The Global Economy of Physical Activity*）报告，未来健康旅游的重心会进一步向东方倾斜，而且康养的方式会越来越综合，比如温泉养生、医疗养生（Smith, 2010）、补充疗法养生、替代疗法养生、瑜伽（图1）、冥想（Walker et al., 2002）等。新型的旅游目的地、度假胜地和休闲中心正在快速满足消费者这些新的需求（Bushell et al., 2009）。从英国人在希腊诸岛经营的瑜伽静修中心、高档的可携带宠物的酒店到斯洛文尼亚与健康相关的传统水疗中心等，无论是在目的地还是在来源地，养生都被视为旅游业的一个新的细分市场，这个市

图1 户外瑜伽　　　　　　　　　　　　　　　　　图片来源：摄图网

场显示出更大的增长空间（Mueller et al., 2001），并成为影响旅行行为的一个关键方面（Pforr et al., 2012）。

中国作为东方世界重要的文化源头，有长达数千年的健康生活经验与多样的旅游体验方式。在中国式养生哲学和东方哲学映射下产生的不同于西方的养生旅游产品，也许会给全球健康旅游的发展提供新思路。因此本文从中国哲学思想的角度去研究中国式养生旅游思想及其在东方养生旅游产品上的投射。

2 中国养生旅游的理论和哲学渊源

2.1 养生的相关研究

"养生旅游"一词近年来被广泛使用，定义它的复杂性在于"健康"一词包含着难以捉摸的性质（Kelly et al., 2009; Millar et al.,

1997; Myers et al., 2000; Steiner et al., 2006）。欧美著名理疗医师Dunn将人视为由身体、精神、思想和他依赖的环境组成的一个整体，由此首次提出了西方文化中的养生——"Wellness"，寓意健康、幸福（Dunn, 1959a; Dunn, 1959b; Dunn, 1961）。Dunn认为养生的最高境界是自我丰盈（杨福沙 等，2018）。Adams认为养生有多维度性、多空间性的特点，并且认为养生的关键在于保养和保健，注重的是人身体内的一种平衡，具有一定的相对性、主观性和可感知性（张志亮，2016）。Dunn把这种自我满足的状态称为"高层次的健康"。其他学者，如Ardell（1977；1986）、Travis（1984）、Stuart等（1992）和Greenberg等（1997）在他们的与健康相关的出版物中提到了"健康"一词。德国学者Herte（1992）得出的结论是美国等英语地区给健康下

的定义具有某些共同特征。Kaspar（1995）认为健康旅游是人们为恢复身体、精神和获得社会福祉而改变居住地的一种现象。

庄子最早提出了中国式"养生"，并在《庄子·养生主》中反复强调人类的养生需要遵循自然规律，在不违背自然规律的前提下进行身心养护（刘庆余 等，2016）。在传统文化中，"养生"被称为"摄生""道生""养性""卫生"等，由这些词语不难看出，养生之"生"，就是"生命"；"养"，即保养、调养、补养（罗伊玲 等，2014）。简而言之，"养生"就是供养、保养生命，根据生命的发展规律来保养身体和精神、增进智慧并延长生命。因此，在中国，养生被定义为通过调养人的衣食住行、优化人类生存环境，达到提高生命质量的目的。

通过旅游追求养生，就称为"养生旅游"。养生旅游属于专项旅游，是指游客离开原住地前往拥有养生资源的旅游地进行的以健康为主题的旅游活动。"养生旅游是养生文化、科学与自然一体化的旅游"。学界与业界还出现了"休闲养生旅游""生态养生旅游"（图2）等概念。"养生旅游"概念中就蕴涵有"休闲"与"生态"之意，因为"养生旅游"通常是在有休闲时间、休闲空间、休闲心情与良好的生态环境的基础上进行的。我国的养生文化历史积淀深厚，包括中医养生、佛学养生、道家养生等理论以及广泛的民间传统养生文化。将这些养生文化与旅游结合，形成了有别于传统养生旅游的关于生命健康与旅游的新定义。因此，本研究将具有中国特色的健康旅游定义为"Yangsheng Tourism"。

2.2 养生的相关理论研究

中国有着丰富的传统文化，这些文化是中国式养生旅游最主要的哲学源头，分析这些哲学思想将有助于我们理解中国式养生旅游的内涵，同时也有利于世界各地结合当地特色为康养旅游注入新的理解。中国古代的佛教、儒教、道教的文化思想是构成中国传统文化思想的基础。中国传统养生思想又是中国传统文化思想的重要组成部分。因此，研究中国传统养生思想，就必须首先研究中国古代佛教、儒教、道教三家的养生思想（董众鸣 等，1996）。

道教的养生理念是仙道可学、飞升成仙。"道"的修炼方向是飞升成仙，而"仙"追求的则是长生不老（汪俊芳 等，2015）。因此，想要"修仙"就得先养生，养生是"飞升成仙"的一个重要途径。修道之人在不

图2 张家界神兵聚会

李纲/摄（由张家界世界地质公园提供）

图3 嵩山少林寺

图片来源：摄图网

断的修行中积累了丰富的经验，形成了复杂的养生体系。神仙学说、老庄的道家、阴阳五行学说、中医，都被认为是道教养生思想的重要来源。

儒家经典的四书是儒家养生文化的思想根源。儒家思想认为人生在世必须要懂医道，如果为人子不懂医道，则视为不孝，儒医的数量众多充分证实了这一点。"以心为本"则是儒家的养生理念。儒家的养生之道是通过锻炼身体、强健筋骨等身体活动与道德修养等心理活动相结合而形成的。这样做的目的不仅是要求人们身体健康，更重要的是心理健康，将人的生命看作是形、气、心相结合的一个整体。

佛教发源自印度。但是因为印度和中国毗邻，佛教早在形成之后不久就从西藏地区进入中国，北魏时期就有僧人从中国西部通过河西走廊到达中国皇权的中心——黄河流域。印度的佛教徒讲究苦修，修行下世，并不是特别注重今生的养生。在中国佛教徒讲究超脱生死、觉悟成佛思想的影响下，人的生命往往是被忽视的，佛家并不能明确提出养生的具体方式，但长生显然并不在其列（董晓英 等，2014）。佛教将戒、定、慧定义为养生理念，其中，戒指的是素食，定则为禅定，慧则为气功、武艺等。同时，中国佛教徒认为在美好的环境中修行，更接近佛国，并且认为在生命结束之后和佛国距离更近，因此他们往往在风景最为秀美的地方兴建寺庙和禅林（图3），在居住环境上为长生提供了很好的基础。

3 基于中国养生哲学的旅游产品映射

3.1 道教文化养生——武当山

武当山是世界自然和文化双遗产，也是以中国道教思想为核心的养生旅游目的地。自古以来就有众多丹家隐士前来养生修道。武当道教重视养生文化，历经千年的传承和发展，形成了以"贵人重生"和"道法自然"养生理念为特色的道教养生文化体系。例如利用道教养生旅游资源举行国际道教论坛，还有太极湖疗养、养生餐厅、道医馆等养生旅游产品。

乐之养生。武当道教音乐是因养生而立、因养生而兴的方术。到过武当山并亲闻过武当道乐的人，对那种玄秘的意境无不赞叹不已。道乐其意是通过歌舞劝人修持，陶冶人的情操，达到"无为而无不为"的境界。武当山道教协会不仅将其作为道众习炼的法门和法事程式，还将其奉献给游客。在武当山的主要

景区，随时可以听到的路旁喇叭播放的道乐，使游客犹入仙境，很多游客都是首先从武当道乐中领悟道教养生方术之奇妙的。

水之养生。在中国道家哲学里，上善若水。老子道："上善若水，水善利万物而不争，处众人之所恶，故几于道。居善地，心善渊，与善仁，言善信，正善治，事善能，动善时。夫唯不争，故无尤。"可以通过观看水的景色、品尝水的味道、体会在水中的感受来达到天人合一的境界。因此武当山开发了一系列通过水来疗养的健康疗法，包括水景营造、品茶（图4）等。

武之养生。习武可以强身健体、延年益寿。武当山地方政府依托武

当武术资源，大力开发武当武术养生相关产品，如武当山武术馆、养生道院等（图5）。

辟谷之术。辟谷是历代高道大医经常采用的一种修炼养生之术，又称"断谷""绝粒""休粮""却谷"等，意指避免或减少谷类、肉类等食物的摄取，实际上是改善饮食结构的一种方法（李德杏，2012）。葛洪在《抱朴子内篇·杂应》中问辟谷："凡有几法，何者最善与？""其服术及饵黄精，又禹余粮丸……其服诸石药，一服守中十年五年者及吞气服符饮神水辈，但为不饥耳。"武当道士认为久服黄精，可轻身延年、多寿长命。时至今日，武当道士三餐仍以素食为主。养生餐厅则遵循了道教文化的"辟谷之术"，满足游客对饮食养生的更深层次的需求。武当山凭借其地势优势盛产食用菌类、野菜及野果等山珍，养生餐厅以菌类、豆制品、面食为烹调的基础，将养生药材加入其中，制作成药膳，以益于人们健康长寿。

中医道结合。道家和中医有很深的渊源。中医受《易经》的影响最为深刻，而《易经》中与中医有关的理论是由道家发扬光大的，如道家的"阴阳五行"说成为中医的核心理念，道家的"自然无为"是中医倡导的"恬淡虚无"的先声，由道家的"人法自然"推演出中医的"顺应天时"，道家的"冲气以为和"是中医"以平为期"的基础之一，由道家的"治未乱"推导出中医的"治未病"，道家的"上善若水"是中医"德全不危"的来源之一，等等。道医馆则将道教养生文化与中医学相结合，聘请对道教文化有深入研究的老中

图4 茶道　　　　　　　　　　　　　　**图片来源：由普兰锋茗茶提供**

图5 武当山武当派功夫

医，制作各种中成药、中药饮片，为游客提供中医推拿按摩等保健服务。武当草药、内丹养生等历经千年的发展代代相传。武当山因中草药资源品种多样，药用植物极为丰富，被誉为"天然药材宝库"。目前，武当山的中药养生产品有"八宝紫金锭""万银锭""黄龙洞眼药"。此外，武当内丹养生通过守一、导引、吐纳、辟谷、服气、调息等疏通人的身体脉络，改善人体新陈代谢，改善免疫系统，达到养生、益智、延年之目的。

3.2 儒家文化养生——尼山圣境

儒家养生的特点是持积极的处世态度。儒家提倡的仁、义、礼、智、信五德，皆有益于养生。孟子是中国养生史上最早提出把"养老"列入"养生"范畴的先贤。尼山圣境是一个文化修贤景区，提倡明礼的生活方式，也提倡游客体验儒家文化、修学启智、生态养生，充分体现了儒家的养生文化。

修身养心。儒家倡导"心斋"，意思是消除一切干扰，保持头脑清醒，呼吸长而细，然后使神、气合一，让气体随着呼吸进入，从而进入纯净而宁静的境界。"心斋"运气方法简单，易操作，对心脏很有好处。尼山圣境的游客可以换上汉服，参加聆听千年以前圣人的故事的活动；也可以体验彩绘团扇、手"读"论语等活动；还可以品一杯清茶，或执笔挥毫，或执棋博弈，明礼修身。

重礼和节。儒家所提倡的"礼"包含深奥却实用的养生保健思想。儒家对日常生活中的衣着、饮食均有具体的规定和要求。如在衣着方面提倡"居不容"，在饮食方面提倡"食不厌精，脍不厌细"。尼山圣境中有关"礼"的养生产品有手"读"论语、礼敬先师仪典等体验活动。

3.3 佛教文化养生——拈花湾

在佛教的诸多典籍中，"养生"一词所见不少，如《弘明集》《广弘明集》中，都有佛教在精神方面的养生之道。在拈花湾（图6）可以体验生活中的禅意，可以吃灵山禅食、抄经文、品禅意、品茶、插花等。

饮食养生。佛教文化特别强调饮食要有节，不可过饱，亦不可太饥，同时要求饮食必须要按时，并强调吃素食。茶与佛教的关系也非常密切，饮茶是僧众生活的主要内容之一。拈花禅食依托当地独有的食材

图6 无锡拈花湾　　　　　　　　　　　　　　　　徐晓东/摄

和禅意清幽的环境，融会禅食的意境，让体验者在食的过程中体味禅的感觉。

修行养生。打坐、念佛持咒、磕头等都是修行养生的方式。拈花湾在远山堂和妙音台都有免费抄经的体验产品。游客通过抄经可以获得内心的平静，净化心灵。除此之外，拈花湾还有穿禅服、戴斗笠、手捧禅钵等体验活动，体验者可在参禅过程中锻炼心念对身体的控制，身动而心止。

4 对中国传统养生文化与现代旅游开发的思考

中国传统养生文化融合了道教、儒教、佛教等不同的思想，以中国的中医文化为主体，包含宗教文化、民俗文化等内容，建构了一套完整的中国养生理论体系。历经多年的发展后，中国养生文化形成了独有的特征、思想意识和活动模式。在儒、释、道的哲学思想背景下，中国养生旅游更为关注的是养生生活化、天人协调、修身养性等。中国养生旅游的进一步发展需要迎合现代人的需求，因此中国养生旅游正在以现代养生的身份重新出现，它必然会和西方传统的健康旅游理论，包括生态学、营养学、体育学等学科的理论相互渗透。在综合的学科视角和文化协同下，以满足现代人心理需求为出发点，中国养生旅游定将为世界的健康旅游概念、理念以及产品开发都做出新的贡献。

参考文献

董晓英，赵欢，赖伯年，2014. 基于 RMP 分析的终南山地带养生旅游产品开发研究 [J]. 湖北农业科学 53（8）：1976-1979.

董众鸣，董安生，1996. 佛、儒、道三教对中国传统养生思想的影响 [J]. 山西师大体育学院学报（2）：1-4.

葛洪，1995.抱朴子内篇 [M] 北京 北京燕山出版社.

李德杏，2012. 道教医学辟谷养生术浅析 [J]. 中华中医药杂志，27（5）：1230-1232.

刘庆余，弭宁，2016. 全域旅游视野下健康养生旅游发展对策 [J]. 旅游学刊，31（11）：4-6.

罗伊玲，2014. 基于 " 全域化 " 的浙江武义生态养生旅游与美丽乡村建设 [C]. 国际养生旅游文化研究院.2014 年中国武义·江南养生旅游论坛暨全域化生态养生旅游研讨会论文集，64-73.

王邦雄，2011. 老子《道德经》的现代解读 [M].吉林：吉林出版集团有限责任公司.

汪俊芳，袁铁象，2015. 森林养生旅游产品开发：以广西大明山国家级自然保护区为例 [J]. 广西林业科学（2）：194-199.

杨福沙，严彦，李新成，等，2018. 以云南大理为例对云南民族特色养生旅游发展的调查分析研究 [J]. 价值工程，37（1）：216-218.

张志亮，2016. 老年人养生旅游的公共性分析 [J]. 旅游学刊，31（11）：10-11.

ARDELL D B, 1977. High level wellness strategies [J]. Health education , 8（4）：2-2.

ARDELL D B, 1986. High level wellness [M]. 2nd . Berkeley, CA: Ten Speed Press.

BENSON H, STUART E M, 1992. The wellness book [M]. New York: Simon & Schuster.

BUSHELL R, SHELDON P J, 2009. Wellness and tourism: mind,body,spirit,place [M]. New York: Cognizant Communication Corporation.

DUNN H L, 1959a. High-level wellness for man and society [J]. American journal of public health and the nations health, 49（6）：786-792.

DUNN H L, 1959b. What high-level wellness means [J]. Canadian journal of public health/revue Canadienne de sante'e publique, 50（11）：447-457.

DUNN H L, 1961. High level wellness [M]. Arlington: Beatty Press.

COHEN E, 1979. A phenomenology of tourist experiences [J]. Sociology, 13（2）：173-177.

GREENBERG J S, DINTIMAN G B, OAKES B M, 1997. Wellness: creating a life of health and fitness [M]. Boston: Allyn and Bacon.

HERTEL L, 1992. Wellness und gesundheitsförderung in den USA: begriffserklärung, entwicklung und realisierung im betrieblichen Bereich [J]. Zeitschrift für präventivmedizin und gesundheitsförderung（4）：36-48.

KASPAR C, 1995. Gesundheitstourismus im trend [J]. Jahrbuch der Schweizer Tourismuswirtschaft , 96：53-61.

KELLY C S, 2009. Holistic tourism: integrating body mind and spirit [M]. New York:Cognizant.

MILLAR J S, HULL C, 1997. Measuring human wellness[J]. Social indicators research,40（1-2）：147-158.

MUELLER H, KAUFMANN E L, 2001. Wellness tourism: market analysis of a special health tourism segment and implications for the hotel industry[J]. Journal of vacation marketing,7（1）：5-17.

MYERS J E, SWEENEY T J, WITMER J M, 2000. The wheel of wellness counseling for wellness: a holistic model for treatment planning [J]. Journal of counseling & development,78（3）：251-266.

PFORR C, LOCHER C, 2012. The German spa and health resort industry in the light of health care system reforms [J]. Journal of travel & tourism marketing, 29（3）：298-312.

SMITH M, DEERY M, PUZKO L, 2010. The role of health, wellness and tourism for destination development [J]. Journal of hospitality & tourism management, 17 （1）：94-95.

STEINER C J, REISINGER Y, 2006. Ringing the fourfold: a philosophical framework for thinking about wellness tourism [J]. Tourism recreation research, 31（1）：5-14.

TRAVIS J W, 1984. The relationship of wellness education and holistic health [M]. New York: Sciences Press.

WALKER L A, BUDD S, 2002. UK: the current state of regulation of complementary and alternative medicine [J]. Complementary therapies in medicine, 10（1）：8-13.

国际健康旅游研究趋势特点与规律：
基于1974—2018年英文文献的分析

Forty Years of International Health Tourism Research:
A Bibliometric Analysis

文 / 钟栎娜　邓抱林

【摘　要】

基于综合数据库对健康旅游研究进展进行文献梳理，能够打破单个数据库期刊主题的局限，可以更加客观全面地反映旅游学科多学科交叉特征以及实际情况。文章通过主题词筛选，对1974-2018年国外研究健康旅游的736篇文献进行了系统的文献计量分析，发现：（1）经过40余年发展，健康旅游日益成为国际学者研究的热点；（2）在国际健康旅游领域发表文章数量前三位的学者分别是Snyder Jeremy、Crooks Valorie 和Johnston Rory；（3）健康旅游市场（游客需求和行为）、健康旅游目的地（发展和营销）、健康旅游开发环境（政策和影响）成为国际健康旅游研究的热点主题。

【关键词】

健康旅游；文献计量；内容分析

【作者简介】

钟栎娜　北京第二外国语学院旅游科学学院教授
邓抱林　中山大学旅游学院博士研究生

1 引言

健康旅游长期以来一直被认为是旅游业的一个重要分支。1841年，托马斯·库克（Thomas Cook）组织了一次570人的旅行，从莱斯特前往拉夫堡历史上所记载的，去体验温泉（Enzensberger，1996），这次旅行被认为是第一次现代健康旅游。其中，对健康的需求是出游的主要动机。然而，第一次被记录下来的"健康旅游"可以追溯到数千年前——当时的希腊朝圣者前往异地寻求医疗服务（Tabish，2012），这远远早于第一次现代健康旅游行为。

由于人们在现代生活中面对着生活以及工作上的巨大压力，这在一定程度上会损害人们的身体和心理健康（Koncul，2012），人们逐渐被迫寻求一种新的放松和恢复活力的方式。在这种情况下，越来越多的游客以健康为主要目的出游，这导致健康旅游的类别变多了。

从选择的独立性的角度出发，健康旅游可以分为两种形式——被迫性的和选择性的。前者指的是在本地医疗条件不能满足健康需要时，人们被迫前往其他地区或者国家以获得健康服务；后者指的是因本地的医疗成本过高或出于其他原因，人们选择其他地区或者国家的健康服务。从治疗目标的角度出发，健康旅游则可分为三类。第一种是基于具体的医疗需要，如牙齿健康（Leggat et al.，2009）、干细胞移植（Crozier et al.，2010）、心脏护理（Turner，2010）；第二种是基于日常保健的需要，如SPA（Turner，2010）（图1）、温泉水疗、针灸等；第三种是基于美的需要，如美容、整形（Turner，2010）。

世界各国的学者都还没有就健康旅游的定义达成共识。文献中经常出现"健康旅游""医疗旅游""养生旅游"等术语（Voigt et al.，2011）。健康的概念最初源于医学，健康被描述为没有疾病，不体弱多病或无身体机能下降（Huber et al.，2011）。后来，健康逐渐发展为一种多维的存在状态，开始用生活质量和幸福感这两个维度来衡量（Corbin et al.，2001），而健康旅游在改善身体状况、恢复心理健康以及提升幸福感等方面发挥了积极作用（Mueller et al.，2001）。

健康旅游作为一种新的趋势，在经济、文化、休闲等方面发挥着重要作用（Lee et al.，2015；Nikezic et al.，2012）。随着健康旅游的快速发展，对健康旅游的定义、历史、类型、驱动因素和未来方向进行研究至关重要。故本文对健康旅游进行系统回顾，以探求当前健康旅游的研究现状。

2 文献综述

通过分析736篇国外与健康旅游相关的文献，对健康旅游整体有了深刻的理解，研究发现，健康旅游涵盖广泛，包含了以健康为导向的旅游领域，如医疗旅游、体育健身旅游、探险旅游、幸福（养生）旅游、整容手术旅游、SPA旅游、乡村旅游（图2）等。

图1 SPA技师为顾客按摩背部　　　　　　　图片来源：摄图网

图2 泰国清迈拜县　　　　　　　　　　　　林丽琴/摄

医疗旅游成为一个日益活跃的世界性旅游现象。在高额医疗费用、漫长的等待时间以及在本国无法获得新的治疗方法等因素的驱动下，大多数医疗旅游者（主要来自美国、加拿大和西欧）在亚洲和拉丁美洲寻求护理（Hopkins et al.，2010）。与自己的国家相对比，目的地提供的医疗旅游产品质量更好、成本更低，且在国内无法获得，所以游客更喜欢出国进行健康旅游。

学者们从各个角度综述了健康旅游研究的内容。Chuang 等（2014）使用主路径分析分析了医学旅游的重要发展轨迹、重要文献和近期活跃的研究领域。为了进一步探究健康旅游者的出游动机，Hanefeld 等（2014）选取了 100 篇健康旅游论文进行研究，发现了人们进行健康旅游重要的驱动因素是寻求新的治疗方法。Yu 等（2011）分析了韩国旅游网站上 252 篇医疗旅游相关

文章，确定了医疗旅游的主要发展特点，并提出了改进建议。Crooks 等（2010）阐明了游客在医疗旅游方面的经验，包括决策、动机、风险和第一手资料等。

通过以上的文献综述，可以深入理解什么是健康旅游（图3），国际健康旅游发展的现状，以及为什么有越来越多的人选择国外的健康旅游目的地。不可否认的是，这些研究是宝贵的资源，对今后的研究有一定的借鉴意义。

3 研究方法

3.1 数据采集

为了全面了解国际健康旅游研究动态，笔者首先以"wellness tourism""medical tourism""health tourism""SPA tourism"和"healthcare"为关键词在谷歌学术、ISI 科学网站（www.

isiknowledge.com） 和 EBSCO 网站（http://search.ebscohost.com）等数据库检索健康旅游相关文章，其次也收集了发表在权威期刊（*Southern Medical Journal*、*Journal of Travel Medicine*、*Bmc Public Health*、*Annals of Tourism Research*、*Tourism Management and Journal of Travel Research*）上的健康旅游相关文章，一共检索到 736 篇文献，其中，以"health tourism"和"medical tourism"为关键词检索出的文章有 454 篇，以"wellness tourism"为关键词检索出的文章有 174 篇，以其他关键词检索出的文章有 108 篇。

3.2 数据分析

第一，为了更广泛地探讨健康旅游的研究趋势，本文扩大了数据库的选择范围，而不只是通过特定的期刊进行梳理。

图3 水疗温泉度假

图片来源：摄图网

第二，本文对现有研究概况进行了分析，主要包括文献的作者、发表地区以及研究机构等。

第三，本文基于 Miles 等（1993）提出的方法，通过数据缩减、数据显示和数据验证的流程，将所选择的736篇文章按主题分类，在数据缩减阶段，采用了"字数统计"技术，在这个过程中必须完成对各个期刊标题的内容分析，然后根据标题字数对期刊进行分类。

通过以上方法，初步提出健康旅游研究主要有以下三个主题：健康旅游市场（游客需求和行为），健康旅游目的地（发展和营销），以及健康旅游开发环境（影响和政策）。

4 研究发现

4.1 文献年份分析

据图4显示，健康旅游相关研究文章的数量从1974年至2018年呈逐步增加的趋势。特别是自2010年以来，在已发表的健康旅游相关文章中，超过一半（75.82%）发表于2013年至2018年。

4.2 发文作者网络分析

736篇文章，共涉及作者1829名。其中，287篇（39%）为唯一作者，449篇（61%）为多位作者。188篇（25.5%）由两位作者完成，101篇（13.7%）由三位作者完成，73篇（10%）由四位作者完成，87篇（11.8%）由五位或更多位作者完成。

在1829名作者中，有1369名作者（74.8%）仅贡献了一篇文章，而其余460位（25.2%）撰写了两篇或更多文章。最多产的学者依次是Snyder

Jeremy、Crooks Valorie、Johnston Rory、Connell John、Turner Leigh、Adams Krystyna、Ormond Meghann、Lunt Neil（表1）。

4.3 研究主题

对文章的内容进行分析，确定了三个主要的研究主题：健康旅游市场（游客需求和行为）、健康旅游目的地（发展和营销）以及健康旅游开发环境（政策和影响）。尽管这三个研究主题文章数量分布不均衡，但三个研究主题中的每个主题都有扩展性研究，三大研究主题的年份分析如表2所示。

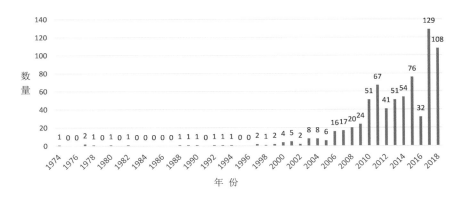

图4 健康旅游文献数量年度分布

表1 作者发文数量排名

排名	发表文章的数量/篇	作者人数/位	作者姓名
1	34	1	Snyder Jeremy
2	33	1	Crooks Valorie
3	21	1	Johnston Rory
4	14	2	Connell John、Turner Leigh
5	10	2	Adams Krystyna、Ormond Meghann
6	9	1	Lunt Neil

表2 研究主题年份分析（1974-2018）

年份 主题	1974-1990年	占比/%	1991-2000年	占比/%	2001-2010年	占比/%	2011-2018年	占比/%	合计	占比/%
健康旅游市场	1	0.14	3	0.41	37	5.03	127	17.25	168	22.83
健康旅游目的地	3	0.41	4	0.54	45	6.11	137	18.61	189	25.67
健康旅游开发环境	5	0.68	5	0.68	71	9.65	219	29.76	300	40.77
合计	9	1.23	12	1.63	153	20.79	483	65.62	657	89.27

4.3.1 健康旅游市场：游客需求和行为

研究表明，Ucak（2016）认为发展中国家的健康旅游业增长是由于成本更低，等待时间更短，护理质量更高。同样，Whittaker 等（2010）认为国内医疗保障系统的不平等驱使人们前往国外进行健康旅游。总的来说，由于成本较低，等待时间短，国际航空旅行相对可负担，有利的汇率以及合格的医生和医务人员的可用性高，医疗游客试图在发展中国家获得更好的健康服务（Singh，2013）。

随着游客产生健康旅游需求，学者们也开始关注与健康旅游决策相关的研究，包括游客的决策过程以及影响决策的因素。Snyder 等（2013）运用政治责任理论，提出了健康旅游者的旅游决策模型，为旅游者做旅游决策提供了参考。Runnels 等（2012）发现健康旅游者在做出旅游决策之前，会对各大医疗旅游目的地的医疗条件、位置以及治疗规范等进行调查，然后比较各大医疗旅游目的地的优劣势，最后做出旅游决策。

多种因素可能同时影响健康旅游游客的决策，包括文化、社会、宗教和制度环境等因素（Moghimehfar et al.，2011；Oesterle et al.，2013）。正如 Ormond 等（2017）所建议的那样，与治疗效果、住宿、交通以及住院时间等因素相比，社会经济能力更能影响健康旅游游客的决策和支出。感知价值也是影响健康旅游游客决策的重要因素，可感知到的医疗质量、服务质量显著影响了健康旅游游客的决策。此外，

对员工和医院的感知质量以及满意度和信任度都会影响重游意愿。Han 等（2014）进行了一项实证研究，发现驱使游客选择目标酒店的因素主要有两个——酒店位置和感知价格。此外，社区交往也是决策的重要影响因素。

4.3.2 健康旅游目的地：发展和营销

学者们从不同的角度探讨了健康旅游目的地的发展与营销状况。Altin 等（2012）分析了土耳其医疗旅游发展的优势，如医疗成本较低、拥有相对国际化的医疗环境，也提出了改进公共和私营医疗部门的策略，如继续提升私营医疗人才的国际化水平、最大程度满足欧美游客的医疗需求。Qadeer 等（2013）从公立和私立医院医生的角度提供了更有效的建议。Kazemha 等（2017）提出了设计医院酒店的原则，包括要有适当的规划、廉价的旅游服务价格和医学教育，以及创建医疗旅游网站和健康旅游政策委员会。总而言之，达到甚至超过游客的预期和要求是确保医疗旅游目的地营销成功的重中之重。

营销渠道的选择对于健康旅游目的地推广营销的效果有重要影响。Farahmand 等（2016）发现大多数游客通过电脑和手机从互联网上了解医疗旅游信息。所以，网络是健康旅游目的地最重要的营销渠道之一，它可以展示目的地的医疗设施、医疗设备、员工的专业知识和服务以及医生的水平等（Moghavvemi et al.，2017）。同时医疗旅游应用程序也是一种高效的健康旅游目的地宣传渠道（Chang et al.，2016）。

学者们进一步讨论了健康旅游营销需要注意的问题。Smith（2015）建议旅游目的地应明确其健康旅游资源、景点和产品的具体情况，寻求与他人合作并创立共同的区域品牌。鉴于健康旅游是一个全球性的行业，在营销过程中，Cormany 等（2011）认为要考虑跨文化以及地区差异。所以，健康旅游目的地需要在宣传之前了解目标客户的文化特征。同时，健康目的地需要构建安全和先进的感知形象，以消除潜在游客的怀疑（Lee et al.，2013）。

4.3.3 健康旅游开发环境：政策和影响

随着健康旅游兴起，健康旅游业挑战和机遇并存，加速了目的地医疗服务的私有化进程。Connell（2011）认为医疗旅游破坏了国家医疗服务系统，并导致了一系列经济、社会和文化问题。Perfetto 等（2010）指出，目的地更加注重提供给外国人的医疗服务，而牺牲了本国公民基本的享受医疗服务的权利。此外，NaRanong 等（2011）认为健康旅游者只能选择私立医院作为目标医院，但随着当地健康旅游的发展，这会导致在公立医院就业的人才选择去私立医院，从而加剧公立医院人才流失，长期来看会损害当地居民的健康利益。

虽然健康旅游可以促进当地就业、增加当地税收，但它也给目的地居民以及其他游客带来了风险（Vijaya，2010），如它会诱发相关疾病和公共卫生危机。同时，Penney 等（2011）认为，在健康旅游过程中，跨文化交流中沟通不足和信息不对称也可能带来风险。

政策指南对健康旅游产业发展至关重要（Evans，2008）。Johnston等（2015）认为政策极大影响了健康旅游目的地的规划和发展。一般而言，那些支持政策制定的国家的健康旅游业比反对制定政策的国家发展得更好（Pocock et al.，2011）。医疗旅游的兴起也为卫生政策制定者带来了新的机遇和挑战。如英国制定了"患者选择"政策，患者可以选择出国旅游以获得医疗服务。总之，需要制定适当的政策来加强国家卫生服务，促进目的地健康旅游业发展。

5 结论与意义

基于736篇关于健康旅游或医疗旅游的文献综述，首先，本文系统梳理了文献的年份分布、作者网络等，其中，Synder Jeremy是在健康旅游领域发文最多的学者。其次，研究将所有文献主要归纳为三个主题——健康旅游市场（游客需求和行为）、健康旅游目的地（发展和营销）、健康旅游开发环境（政策和影响）。数据显示，随着健康旅游的发展，有越来越多的学者关注健康旅游的发展环境。随着全球化的快速发展，世界各地的学者将研究重点放在健康旅游游客的需求和行为上，以促进目的地发展和营销推广，且目前正在研究政策对健康旅游目的地开发的影响。此外，随着健康旅游的发展，关于这三个主题的文章数量也在不断增加。

为了推动健康旅游市场发展，旅游目的地可以从交通的可达性、程序选择、医疗服务设施、旅行安排、安全保障和政府政策等方面着手行动以吸引游客。但是在健康旅游的发展和宣传过程中，有许多问题需要考虑，如如何提升服务质量、完善法律环境、分析产业前景、研判当前形势、健全评估体系、再造业务流程以及梳理宏观政策等。最重要的是，如何满足游客的需要是健康旅游目的地应密切关注的议题。此外，政策将对健康旅游的发展产生积极影响，而健康旅游可能会对相对贫穷国家的当地人的医疗保健产生负面影响，但也可能积极推动目的地国家的经济发展。

虽然健康旅游的研究范围很广（图5），但缺乏深刻的探索和对其本质的研究。目前的文献分布较为分散，缺乏完整性和系统性。此外，研究中较少提到健康旅游的发展规律、健康旅游的环境容量，以及健康旅游管理和健康旅游的利润分配机制。在中国，研究健康旅游使用的方法是单一的，学者们仍然使用传统的描述和定量分析方法。更重要的是，研究成果水平不是很高，适用性不强，由于中国健康旅游的理论基础薄弱，导致高水平理论研究很少。

图5 上海清晨练习太极的人们

图片来源：摄图网

参考文献

ALTIN U, BEKTAŞ G, ANTEP Z, et al., 2012. The international patient's portfolio and marketing of Turkish health tourism [J]. Procedia-social and behavioral sciences, 58: 1004–1007.

CHANG I-C, CHOU P-C, YEH R K-J, et al., 2016. Factors influencing Chinese tourists' intentions to use the Taiwan medical travel App [J]. Telematics and informatics, 33(2): 401–409.

CONNELL J, 2011. Medical tourism [M]. Cambridge: CABI Publishing.

CORBIN C B, PANGRAZI R P, 2001. Toward a uniform definition of wellness: a commentary [J]. President's council on physical fitness and sports research digest, 3(15):1–3.

CORMANY D, BALOGLU S, 2011. Medical travel facilitator websites: an exploratory study of web page contents and services offered to the prospective medical tourist [J]. Tourism management, 32(4): 709–716.

CROOKS V A, KINGSBURY P, SNYDER J, et al., 2010. What is known about the patient's experience of medical tourism? A scoping review [J]. BMC health services research, 10(1): 1–12.

CROZIER G, THOMSEN K, 2010. Stem cell tourism and the role of health professional organizations [J]. The American journal of bioethics, 10(5): 36–38.

ENZENSBERGER H M, 1996. A theory of tourism [J]. New German critique(68): 117–135.

EVANS R W, 2008. Ethnocentrism is an unacceptable rationale for health care policy: a critique of transplant tourism position statements [J]. American journal of transplantation, 8(6): 1089–1095.

FARAHMAND A A, MERATI E, 2016. It strategies for development of health tourism [J]. Turkish online journal of design, art and communication, 6: 1086–1092.

HAN H, HYUN S S, 2014. Medical hotel in the growth of global medical tourism [J]. Journal of travel & tourism marketing, 31: 366–380.

HANEFELD J, SMITH R, HORSFALL D, et al., 2014. What do we know about medical tourism? A review of the literature with discussion of its implications for the UK National Health Service as an example of a public health care system [J]. Journal of travel medicine, 21(6): 410–417.

HOPKINS L, LABONTÉ R, RUNNELS V, et al., 2010. Medical tourism today: what is the state of existing knowledge? [J]. Journal of public health policy, 31(2): 185–198.

HUBER M, KNOTTNERUS J A, GREEN L, et al., 2011. How should we define health? [J]. BMJ, 343.

HUBERMAN A M, MILES M B, 1983. Drawing valid meaning from qualitative data: some techniques of data reduction and display [J]. Quality and quantity, 17(4): 281–339.

JOHNSTON R, CROOKS V A, ORMOND M, 2015. Policy implications of medical tourism development in destination countries: revisiting and revising an existing framework by examining the case of Jamaica [J]. Globalization and health, 11(1):1–13.

KAZEMHA A S, DEHKORDI K S, 2017. The principles of designing hospital hotel with the approach of health tourism in Kish Island [J]. Journal of history culture and art research, 6(1): 515–531.

KONCUL N, 2012. Wellness: a new mode of tourism [J]. Economic research-ekonomska istraživanja, 25(2): 525–534.

LEE H K, FERNANDO Y, 2015. The antecedents and outcomes of the medical tourism supply chain [J]. Tourism management, 46: 148–157.

LEE H, WRIGHT K B, O'CONNOR M, et al., 2014. Framing medical tourism: an analysis of persuasive appeals, risks and benefits, and new media features of medical tourism broker websites [J]. Health communication, 29(7): 637–645.

LEGGAT P A, SMITH D R, KEDJARUNE U, 2009. Surgical applications of methyl methacrylate: a review of toxicity [J]. Archives of environmental & occupational health, 64(3): 207–212.

MOGHAVVEMI S, ORMOND M, MUSA G, et al., 2017. Connecting with prospective medical tourists online: a cross-sectional analysis of private hospital websites promoting medical tourism in India, Malaysia and Thailand [J]. Tourism management, 58: 154–163.

MOGHIMEHFAR F, NASR-ESFAHANI M H, 2011. Decisive factors in medical tourism destination choice: a case study of Isfahan, Iran and fertility treatments [J]. Tourism management, 32(6): 1431–1434.

MUELLER H, KAUFMANN E L, 2001. Wellness tourism: market analysis of a special health tourism segment and implications for the hotel industry [J]. Journal of vacation marketing, 7(1): 5–17.

NARANONG A, NARANONG V, 2011. The effects of medical tourism: Thailand's experience [J]. Bulletin of the World Health Organization, 89(5): 336–344.

NIKEZIC S, DJORDJEVIC M, BATAVELJIC D, 2012. Improvement of spa tourism in the Republic of Serbia as a pattern of positive impact on ecology and regional development [J]. Technics technologies education management, 7 (2), 920–925.

OESTERLE A, JOHNSON T, DELGADO J, 2013. A unifying framework of the demand for transnational medical travel [J]. International journal of health services, 43 (3): 415–436.

ORMOND M, SULIANTI D, 2017. More than medical tourism: lessons from Indonesia and Malaysia on south–south intra–regional medical travel [J]. Current issues in tourism, 20 (1): 94–110.

PENNEY K, SNYDER J, CROOKS V A, et al., 2011. Risk communication and informed consent in the medical tourism industry: a thematic content analysis of Canadian broker websites [J]. BMC medical ethics, 12: 1–9.

PERFETTO R, DHOLAKIA N, 2010. Exploring the cultural contradictions of medical tourism [J]. Consumption, markets and culture, 13 (4): 399–417.

POCOCK N S, PHUA K H, 2011. Medical tourism and policy implications for health systems: a conceptual framework from a comparative study of Thailand, Singapore and Malaysia [J]. Globalization and health, 7 (1): 1–12.

QADEER I, REDDY S, 2013. Medical tourism in India: perceptions of physicians in tertiary care hospitals [J]. Philosophy, ethics, and humanities in medicine, 8 (1): 1–10.

RUNNELS V, CARRERA P M, 2012. Why do patients engage in medical tourism? [J]. Maturitas, 73 (4): 300–304.

SINGH N, 2013. Exploring the factors influencing the travel motivations of US medical tourists [J]. Current issues in tourism, 16 (5): 436–454.

SMITH M, 2015. Baltic health tourism: uniqueness and commonalities [J]. Scandinavian journal of hospitality and tourism, 15 (4): 357–379.

SNYDER J, CROOKS V A, TURNER L, et al., 2013. Understanding the impacts of medical tourism on health human resources in Barbados: a prospective, qualitative study of stakeholder perceptions [J]. International journal for equity in health, 12 (2): 1–11.

TABISH A, JHA R, RATHOD A, et al. 2012. Prescribing trend of analgesics in a tertiary health care setup of rural Vidarbha: a critical appraisal [J]. Research journal of pharmaceutical, biological and chemical sciences, 3 (3): 566–571.

TURNER R J, BROWN R L, 2010. Social support and mental health [J]. A handbook for the study of mental health: social contexts, theories, and systems, 2: 200–212.

UÇAK H, 2016. The relationship between the growth in the health sector and inbound health tourism: the case of Turkey [J]. Springer Plus, 5 (1): 1–10.

VIJAYA R M, 2010. Medical tourism: revenue generation or international transfer of healthcare problems? [J]. Journal of economic issues, 44 (1): 53–70.

VOIGT C, BROWN G, HOWAT G, 2011. Wellness tourists: in search of transformation [J]. Tourism review, 66: 16–30.

WHITTAKER A, MANDERSON L, CARTWRIGHT E, 2010. Patients without borders: understanding medical travel[J]. Medical anthropology, 29 (4): 336–343.

YU J, LEE T J, NOH H, 2011. Characteristics of a medical tourism industry: the case of South Korea [J]. Journal of travel & tourism marketing, 28 (8): 856–872.

乡村康养产品研究进展与展望

Advances and Prospects of Rural Wellness Tourism Research

文／郭立新　李晓南

【摘 要】

康养产业能够带动养老、医疗、体育、旅游等行业的发展。将康养产业发展和乡村优势因地制宜地结合起来，可以使乡村经济实现高质量发展。本文通过回顾国内外乡村康养旅游的发展进程，总结国内外乡村康养旅游产品的类型，为人们研究乡村康养产业提供新的思路。

【关键词】

健康旅游；乡村康养；全球案例；康养旅游

【作者简介】

郭立新　光大金控（浙江）投资管理有限公司总经理

李晓南　北京第二外国语学院旅游科学学院硕士研究生

1 国内乡村康养研究

在中国知网"主题"下输入"乡村康养""乡村养生""农村康养""农村养生""乡村养生旅游",共搜索到117篇文章。其中,2007年最早出现乡村康养研究,吴静等(2007)发表的《新集村素食养生旅游品牌的打造》是第一篇有关乡村康养的文章。从2007年2篇的发文量,到2019年的38篇,乡村康养方面研究成果的数量呈递增趋势(图1),这说明研究者对乡村康养方面的研究越来越重视,但是从总体上看,关于乡村康养的研究成果还是偏少。

我们对117篇文章的关键词进行了可视化分析(表1、图2),可以看出"乡村振兴""康养旅游""森林旅游""乡村旅游"等方面的研究较多,主要围绕旅游资源、旅游市场、旅游开发、发展模式等方面进行了理论探讨、案例研究、经验总结和综合研究等,研究呈现多元化的趋势——比如以"乡村振兴"为核心进行的资源型城市研究、森林康养研究,或者以晋城、巩义等具体城市开展的研究,又或者是对乡村康养旅游研究进行的策略分析等。王应霞(2007)把乡村及农业旅游联系在一起,认为乡村旅游是以乡村地区为活动场所,利用乡村独特的自然环境、田园景观、生产经营形态、民俗文化风情、农耕文化等资源,为外来游客提供观光、休闲、体验、健身、娱乐、购物、度假的一种新的旅游经营活动。

此外,还有少数研究者对乡村康养的战略、田园康养、田园综合

体、新型养老、景观规划、全域旅游、旅游经济、发展对策、森林元素、产业融合、康养理念等方面进行了研究。周刚(2006)认为养生旅游是以养生为核心目标,在目标旅游地进行的旅游活动。按照类型,还可以细分为森林养生旅游、休闲养生旅游以及生态养生旅游等。苏峰(2006)认为健康旅游是以相关理论为基础,通过开展各类旅游活动以追求身体健康的行为,与保健旅游相呼应。如针对老年群体开展的医疗保健旅游等,都属于健康旅游的范畴。

从关键词之间的联系中可以看出:一是目前尚未有乡村康养旅游的系统研究,仅在乡村旅游、康养旅游、旅游模式、旅游产品分析等领域有相应研究;二是康养旅游与乡村振兴是密不可分的,乡村振兴离不开乡村旅游的发展;三是研究内容的延伸太少,大部分都是对旅游资源、旅游产品、开发模式的研究。所以,虽然乡村康养旅游"周边"的研究在不断增加,但目前的研究仍不能满足行业和市场的需要,需加大理论研究和实践总结,以支持乡村康养旅游的可持续发展(图2)。

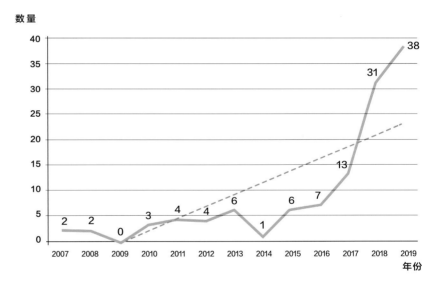

图1 2007—2019年中国知网上关于乡村康养方面的出版物数量

图2 117篇文章的关键词可视化分析图

如表1所示，数量排名前十的关键词为乡村旅游、乡村振兴、森林康养、康养旅游、养生旅游、康养产业、乡村振兴战略、新农村建设、城乡融合、乡村。由此可见，康养旅游与乡村振兴关系密切，康养旅游可以作为振兴乡村的一种方式。

参考不同学者的研究分析与对相关行业的实践总结，国内康养旅游发展进程大致经历了以下三个阶段：一是自由发展阶段：养生旅游产业兴起（王燕，2008），二是康养旅游起步阶段：养生养老产业驱动康养旅游发展（祝向波，2017），三是康养旅游兴起阶段：政策与市场推动"康养"主题度假旅游（韩福丽 等，2019）。

2 国内康养旅游发展进程

2.1 自由发展阶段：养生旅游产业初兴起

我国康养旅游起步于2002年，晚于欧美国家，2002—2012年这段时间，海南三亚最早发展了养生旅游，依托海滨旅游资源开始大规模发展以保健康复为主题的旅游。随后，浙江、江西、安徽、黑龙江、山东、广西等地先后开展养生旅游活动、举办论坛，并兴起依托特色旅游资源开发的养生产品，但规模较小，质量参差不齐。

2.2 康养旅游起步阶段：养生养老产业驱动康养旅游发展

2012年，攀枝花率先提出发展"康养旅游"，建设"中国阳光康养旅游城"，喊出"孝敬爸妈，请带到攀枝花"等口号，并编制了《中国阳光康养旅游城市发展

表1 关键词数量及中心度

排名	数量	中心度	年份	关键词
1	23	0.42	2010	乡村旅游
2	20	0.05	2018	乡村振兴
3	15	0.18	2017	森林康养
4	11	0.38	2018	康养旅游
5	5	0	2015	养生旅游
6	5	0.04	2018	康养产业
7	5	0.16	2018	乡村振兴战略
8	4	0.1	2010	新农村建设
9	2	0	2018	城乡融合
10	2	0	2018	乡村
11	2	0	2017	发展模式
12	2	0	2013	乡村休闲
13	2	0	2018	全域旅游
14	2	0	2019	对策
15	2	0	2018	生态旅游
16	2	0	2019	康养小镇
17	2	0	2011	巴马
18	2	0.01	2018	促进会
19	2	0.02	2019	特色小镇
20	2	0.04	2019	产业兴旺
21	2	0.07	2018	汶川县

规划（2012—2020）》（汤甜 等，2016），这一系列举措可视为国内康养旅游的开端。医疗保健业和养生养老产业在康养旅游起步阶段是其重要的驱动力量，推动了康养旅游的发展。2013年，国务院发布《关于加快养老服务业发展的若干意见》〔国发（2013）35 号〕，提出大力发展养老服务业；2013年，国务院发布《关于促进健康服务业发展的若干意见》，提出大力发展医疗服务，加快发展健康养老服务，一系列的政策支持进一步

推进了养老度假产业迅速发展。因此，在 2012—2015 年，我国逐渐形成了产业驱动的康养旅游。

2.3 康养旅游兴起阶段：政策与市场推动"康养"主题度假旅游

2016年1月，原国家旅游局发布《国家康养旅游示范基地》LB/T 051—2016，明确了"康养旅游"的概念与示范基地的标准。同年，国务院发布《"健康中国2030"规划纲要》，"健康中国"上升为国家战略，"大健康"产业成为经济发

展的新引擎，中医药文化、民俗文化、宗教禅修等陆续兴起。2017年，国家五部委联合发布《关于促进健康旅游发展的指导意见》，进一步推动健康旅游产业发展，加大对健康旅游产业的政策支持。2018年，《中共中央国务院关于实施乡村振兴战略的意见》提出了对乡村振兴战略的一系列部署，包含了促进乡村康养旅游发展的一些政策和措施及其发展方向。2019年，《国务院关于实施健康中国行动的意见》《健康中国行动组织实施和考核方案》《健康中国行动（2019—2030年）》等一系列文件印发，可以看出国家对健康中国战略的重视及推进情况。

与此同时，随着老龄人口增多，生活于都市压力下的人们健康水平下降，国民健康意识崛起，康养旅游的市场需求迅速增长，加上政策支持，不少地区依托良好的生态本底与自然人文资源，尝试通过综合开发，打造以"康养"为主题特色的综合性养生度假区。

3 国内乡村康养产业案例

乡村康养旅游产品的类型有生态养生型（魏军 等，2008）、中药文化养生型（詹石窗，2015）、宗教文化养生型（徐伟珍，2016）、医疗康复型（周义龙，2016）、森林养生型（陈文武 等，2015）、运动康体型（王敬浩，2008）等。在国内，生态养生型的案例有浙江平水养生小镇、湖南宁乡灰汤温泉小镇，中药文化养生型的案例有江苏大泗镇的中药科技园，宗教文化养生型的案例有武当山太极湖、武夷山国家旅游度假区（图3）、山东庆云宫养生度假区、浙南健康小镇，医疗康复型的案例有绿城乌镇雅园，森林养生型、运动康养型的案例有浙江莫干山（表2）。

4 国外康养旅游发展进程

国外的研究集中于乡村旅游、养生旅游、健康旅游、森林旅游等。

图3 福建武夷山　　　　　　　　　　　　　　　　　　邱华文／摄

表2 国内乡村康养产业案例

项目名称	项目地	规模	旅游功能	康养主题特色	主要康养产品	产品类型
江苏中药科技园	江苏大泗镇	占地1240亩（0.82km²）	中药文化、养生文化、旅游文化	以中药材种植为核心，产学研相结合的示范性中药科技园	中药科技园、休闲娱乐、中药养生、医疗器械、舞台文化、养老、生态农业等多个配套产业	中药文化养生
绿城乌镇雅园	浙江乌镇	—	健康医疗、养生养老、休闲度假	集健康医疗、养生养老、休闲度假于一体的特色养老小镇	养生度假酒店、医疗公园、国际养老护理中心、颐乐学院	医疗康复
武当山太极湖	湖北武当山	58.7km²	依托武当山的道教文化和良好的生态环境发展养生养老、健康度假产业	集旅游观光、休闲娱乐、养生养老、度假于一体的综合度假区	旅游发展中心、武当国际武术交流中心、太极湖医院、太极湖学校和高档居住区	宗教文化养生
武夷山国家旅游度假区	福建武夷山	12km²	以养生、养老、生态种植、养殖为主题的生态宜居体验区	以理学文化、道家文化、茶文化、民俗文化为养生基底，开发具有地域特色的文化养生产品	温泉水游乐、温泉水疗、温泉SPA、温泉餐厅和温泉酒店	宗教文化养生
山东庆云宫养生度假区	山东省德州市庆云县	1.5hm²	道家经典、养生水城、道家文化体验地、北方休闲养生城	宗教圣地朝圣＋道教养生＋酒庄养生等养生方式与原生态的田园景观、生态种植、绿色食品等相结合	温泉欢乐区、民俗风情区、清修疗养区、田园养心区	宗教文化养生
浙南健康小镇	浙江丽水龙泉市兰巨乡	—	依托长寿文化，大力发展长寿经济，形成以食疗养生、山林养生、气候养生等为核心的养生养老度假体系	利用其得天独厚的生态条件和长寿特色，发展农业观光、健康餐饮、休闲娱乐、养生度假等多种功能的健康长寿小镇	挖掘长寿文化，从食养、药养、水养、文养、气养五方面发展长寿经济	宗教文化养生
平水养生小镇	浙江绍兴平水镇	—	以原生态的环境为基础，以健康养生、休闲旅游为发展核心	依托原生态的自然环境，发展健康养生、休闲旅游等生态养生产业	国际度假村项目、中药养生会所项目、仙人谷养生养老项目	生态养生
灰汤温泉小镇	湖南宁乡灰汤镇	48km²	依托温泉这一独特的核心资源，发展"温泉＋"特色产业	集温泉养生、运动休闲、会议培训、健康体验于一体的温泉小镇	温泉酒店、温泉游泳馆、高尔夫练习场等各种休闲设施、疗养体检中心	生态养生
浙江莫干山	浙江省湖州德清县境内，沪、宁、杭金三角的中心	58.77km²	清凉世界、避暑胜地、国内户外运动天堂、品质度假首选地	清肺健身游、春季踏青游、夏季避暑游、浪漫冬日游	林木深处的养身中心、健身房、瑜珈房、冥想馆	森林养生运动康体养生

由于城市生活节奏快、生活费用高等，退休后的老年人越来越喜欢"乡村养老"的模式，所以西方国家越来越重视乡村旅游与康养的结合。在乡村康养旅游方面，目前国外的研究尚未有此概念，与之相关的主要有养生旅游、健康旅游。Connell（2006）提出养生旅游是希望获得身心健康和愉悦的享受而展开的旅游行为。Goodrich（1994）阐述了健康旅游的定义，提倡以区别于一般旅游活动的保健设施和服务来吸引游客。Smith和Puczko（2009）提出健康旅游是能够在很大程度上强化旅游者身心健康并提高生活质量的旅游方式，包含医疗卫生、健身和美容等方面。

国外对乡村康养旅游的研究也

比较少，已有的相关研究大致分为乡村旅游、养生旅游、健康旅游等类别，主要研究领域和内容涉及发展理论、开发对策、开发模式、关系研究、资源利用、市场营销等。在资源利用方面，Rogers（2002）将乡村的遗产、文化等农村旅游资源都纳入了利用和开发范畴；在旅游市场方面，Murphy 和 Williams（1999）提出要建立地区性乡村旅游机构，Mueller 和 Kaufmann（2001）将健康旅游市场分为健康需求客户、寻求治疗的客户等四类；在产品开发方面，Arahi（1998）提出乡村旅游有体验乡村旅游、观光乡村旅游、游乐乡村旅游、民俗乡村旅游等旅游产品。通过对文献的整理，我们将国外的康养旅游分为四个阶段：一是资源驱动阶段：温泉资源驱动初发展（Wang，2004），二是市场引导阶段：资源开发多样化（Spivack，1998），三是产业植入阶段：导入医疗护理产业（Connell，2006），四是综合开发阶段：特色产品分布格局形成（Heung，2013）。

4.1 资源驱动阶段：温泉资源驱动初发展

康养旅游在国外对应于健康旅游，即 health tourism（或称 health travel）（Goodrich，1994），出现于 14 世纪初，以温泉疗养地的建立为标志。16—18 世纪，人们对天然矿泉的疗养作用有了一定认知后，开始开发围绕温泉资源的健康旅游，如英国巴斯小镇、德国巴登巴登等地。温泉资源驱动了健康旅游的发展。

4.2 市场引导阶段：资源开发多样化

19—20 世纪初期，工业革命及工业城市带来了一系列生活问题，"健康"成为人们新的需求，人们开始依托当地的生态资源，开发出滨海养生、SPA 养生、农场养生等多种形式的康养产品。除了有优美的风景，欧洲不少地区还通过提升健康服务基础设施（如酒店住宿设施）来吸引游客，更涌现了一批将运动度假与生态养生相结合的度假地，如瑞士达沃斯小镇、奥地利奥茨山谷等，同时也积极开发水上运动、冰雪运动、高尔夫等体育运动项目。

4.3 产业植入阶段：导入医疗护理产业

20 世纪中叶，随着大众旅游的发展，越来越多的旅游者希望通过旅游放松身心，欧美地区逐渐出现将健身活动与医疗护理相结合的旅游产品，如瑞士蒙特勒医疗养生城。医疗旅游作为一个利益市场，是从一个行业的快速发展中崛起的。在这个行业里，人们经常长途跋涉去海外国家获取医疗护理，他们同时也是传统意义上的度假者。人们普遍认为健康旅游可以分为医疗旅游和健康旅游（Parcy，2012）。医疗护理产业的植入，不仅有效满足了旅游者对身心健康的需求，也进一步扩大了康养旅游的市场规模。

医疗旅游在亚洲地区较多见，在印度、新加坡和泰国等国家均有发展，早在 20 世纪 70 年代，泰国就以医疗旅游目的地而闻名，从开始的变性手术，到后来的整容手术，吸引了世界各地的游客。在亚洲国家中，泰国的养生旅游发展先于其他国家（图4），如泰国道苑疗养度假村，以气功、冥想为特色。1998

图4 泰国森林度假酒店度假村　　　　　　　　　　　　　　**图片来源：摄图网**

年后，由于亚洲经济危机以及经济多样化的需要，马来西亚开始介入医疗保健行业。新加坡也姗姗来迟，与马来西亚和泰国竞争，并采取了低价策略，特意将价格定得略低于泰国，甚至在机场为过境旅客设立了一个提供传单、信息和建议的摊位。

4.4 综合开发阶段：特色产品分布格局形成

早期的康养旅游是基于资源优势发展起来的，并逐步因市场需求扩大而发展兴盛，之后的康养旅游逐渐将重心放在康养产品体系及功能的开发上，进入综合开发阶段。许多国家和地区已经开发出具有核心竞争力和独特卖点的康养产品，其中，印度、泰国、马来西亚和新加坡均是受欢迎的健康旅游目的地。印度的医疗游客也寻求健康治疗，包括印度草药疗法、瑜伽疗法、冥想和节食疗法等。泰国也是亚洲重要的健康旅游目的地。泰国旅游局在 2003 年就指出，各种高质量的水疗服务和产品结合了泰国传统草药疗法，低成本的治疗，水疗中心的设计、建筑和服务的独立感以及经验丰富的员工，是泰国健康市场的主要优势。在马来西亚，医疗保健计划包括医疗保健、健康和健身，这些都是健康旅游的组成部分。新加坡则是亚洲地区一个成熟的医疗中心，拥有先进的医疗设备。

5 国外乡村康养产业案例

国外的乡村康养产业包括多种类型，本文主要罗列了以下一些类型的乡村康养产业案例（表3）。

国外的生态养生型的案例有法国普罗旺斯、墨西哥坎昆度假村、德国巴登巴登度假小镇、意大利巴尔卡洛岛、日本阿苏农场、美国黑莓牧场等。在法国普罗旺斯可以体验的项目有静池 SPA 和 Sault 修道院，墨西哥坎昆度假村的康养产品有日光浴、海洋温泉 SPA、养生垂钓，德国巴登巴登度假小镇的康养产品有卡勒卡拉浴池、总长 500km 的步行径、希腊式休养院，意大利

表3 国外乡村康养案例

项目	地点	规模	旅游功能	康养主题特色	主要康养产品	产品类型	开发模式
法国普罗旺斯	法国南部普罗旺斯	31400km²	生态观光、养生度假、文化旅游	薰衣草故乡、葡萄酒庄园骑士抒情诗发源地	静池 SPA、Sault 修道院	生态养生	资源依托
墨西哥坎昆度假村	加勒比海北部，尤卡坦半岛东北端	8.4km²	国际会议、文化体验、休闲度假	图伦遗址、卡尔门海滩	日光浴、海洋温泉 SPA、养生垂钓		
德国巴登巴登度假小镇	黑森林西北部的边缘	—	温泉疗养、国际会议、旅游度假	罗马浴池遗址与天然矿泉结合	卡勒卡拉浴池、500km 的步行径、希腊式休养院		
意大利巴尔卡洛岛	意大利南部	58km²	泥浴养生、生态观光	火山岛屿、熔岩泥浆美容养颜	熔岩泥浴		
日本阿苏农场	日本	—	温泉养生、休闲度假、观光旅游	温泉 SPA、牛奶农场	阿苏健康火山温泉		
美国黑莓牧场	美国	17km²	休闲娱乐、观光游览、温泉疗养	高尔夫及马术等高端运动项目	农庄 SPA 馆		
泰国道苑疗养度假村	泰国清迈市郊北麓	0.13km²	医疗疗养、休闲度假	道教气功、冥想、气息调解法	内调养生项目、外炼养生项目	文化养生	

（续表）

项目	地点	规模	旅游功能	康养主题特色	主要康养产品	产品类型	开发模式
印度普纳奥修国际静心村	印度	0.162km²	文化旅游、康体旅游	身心治疗、心灵静修中心	印度瑜伽体育课程、有机素食餐厅	运动康体	产业驱动
新西兰皇后镇	新西兰	293km²	运动度假、乡村休闲	米尔福德峡湾、高空弹跳运动发源地、滑雪高地	高山滑雪场、高空弹跳、生态徒步、登山		
瑞士蒙特勒医疗养生城	瑞士	41.37km²	观光旅游、医疗养生、运动度假	羊胎素美容圣地、浪漫爵士之都	抗老医疗体验、温泉 SPA 会所	医疗康复	
德国福利德纳村	德国	—	容纳了多种社会服务设施的综合服务基地	健康和养老圣地	专门设计的老年住宅、残疾人住宅、精神病患者住宅、基金会总部和培训中心，具备疗养功能的"精神康复花园"等		
泰国阿玛塔拉健康度假村	泰国普吉岛	—	体验健康生活方式的豪华度假村	专业的健康管理师可以为顾客提供专业的健康意见，提供按摩服务，让顾客养成健康的饮食习惯	排毒理疗、体重控制、水疗焕新复原、Amatara 积极生活、瑜伽理疗、整体抗衰老、定制疗程		综合开发
瑞士达沃斯小镇	瑞士	283km²	运动度假、医疗养生、会议旅游	阿尔卑斯空气最洁净的地区、国际冬季运动中心	高山滑雪场、天然冰场、达沃斯康复中心	运动康体	
奥地利奥茨山谷	奥地利	67km²	运动度假、温泉养生	欧洲著名滑雪天堂、最温暖秀丽的水疗中心、顶级滑雪胜地	阿夸多姆温泉理疗中心、塞尔登滑雪场		

巴尔卡洛岛的康养产品有熔岩泥浴，日本阿苏农场的康养产品有阿苏健康火山温泉，美国黑莓牧场的康养产品有农庄 SPA 馆。这些康养旅游目的地主要是挖掘当地的特有资源开发生态养生旅游项目。

国外的文化养生型的案例有泰国道苑疗养度假村，其特有的康养产品为内调养生项目和外炼养生项目，将道教文化作为吸引力，利用文化资源开展文化养生旅游。

国外的运动康体型的案例有印度普纳奥修国际静心村、新西兰皇后镇（图5）、瑞士达沃斯小镇和奥地利奥茨山谷。新西兰皇后镇主要通过产业驱动的方式开展高山滑雪、高空弹跳、生态徒步、登山等

康养项目。印度普纳奥修国际静心村主要通过产业驱动开展印度瑜伽体育课程等康养项目。瑞士达沃斯小镇通过综合开发打造出一个集运动度假、医疗养生和会议旅游功能于一体的康养小镇，开发出高山滑雪场、天然冰场、达沃斯康复中心等生态运动场所。奥地利奥茨山谷通过综合开发模式打造了一个具备运动度假、温泉养生功能的综合体，开发了阿夸多姆温泉理疗中心和塞尔登滑雪场"运动＋康养"的产品。

国外的医疗康复型的案例有瑞士蒙特勒医疗养生城、德国福利德纳村、泰国阿玛塔拉健康度假村。瑞士蒙特勒医疗养生城主要通过产业驱动的方式开展抗老医疗体验和

温泉 SPA 会所康养项目。德国福利德纳村主要通过产业驱动的方式开发健康和养老圣地，帮助老人实现养老无忧的愿望。泰国阿玛塔拉健康度假村是一个体验健康生活方式的豪华度假村，采用综合开发的模式打造出排毒理疗、体重控制、水疗焕新复原、Amatara 积极生活、瑜伽理疗、整体抗衰老、定制疗程等康养项目。

6 展望

通过回顾国内外的康养旅游发展进程，可以发现，虽然国内的康养旅游产业比国外发展得晚，但产品类型不断丰富，基于这样的现实

图5 新西兰皇后镇　　　　　　　　　　　　　　　　　　王琪／摄

判断，政府的政策支持更成为一支重要的强心剂，推动大量资本涌入康养产业。目前，我国的康养服务和养老基础还不够完善，因此，不会大规模地爆发优质的乡村康养项目，但在休闲旅游中，人们对于"健康、养老、愉快"的追求仍是乡村康养旅游的一部分，"康养＋乡村旅游"的模式将会保持一定的发展势头。依托丰富的适合发展康养旅游的资源和客源市场大量的需求，在文旅、养生养老、体育等其他产业的推动下，康养旅游的发展前景不可小觑。

参考文献

陈文武，田晔林，蒋玮，2015. 森林养生旅游产品体系开发及构建研究［J］. 中国农学通报，31（25）：1–5.

韩福丽，鲁啸军，耿佳宝，2019. 黑龙江省民族地区乡村康养旅游发展研究［J］. 黑龙江民族丛刊（5）：43–47.

苏峰，2000. 保健旅游前景看好［J］. 技术监督纵横（9）：22.

汤甜，吴燕，张帆，2016. 攀枝花市发展阳光康养产业的优势分析［J］. 攀枝花学院学报（A01）：35–37.

吴静，韩娜，赵兰，2007. 新集村素食养生旅游品牌的打造［J］. 中国集体经济（下半月）（9）：96–97.

王应霞，2007. 广东从化乡村旅游现状和发展对策探讨［J］. 技术与市场（5）：91–93.

王燕，2008. 国内外养生旅游基础理论的比较［J］. 技术经济与管理研究（3）：109–110.

王敬浩，2008. 中国传统运动养生方法的历史演变［J］. 体育文化导刊（3）：98–100.

魏军，张春花，2008. 生态养生旅游产品开发初探［J］. 资源开发与市场（9）：853–854.

王华，彭华，2004. 温泉旅游的发展与研究述评［J］. 桂林旅游高等专科学校学报（4）：30–34.

徐伟珍，2016. 挖掘宗教养生文化 助推旅游经济发展[J].镇江社会科学(2):36-37.

周刚,2006.养老旅游及其开发的可行性研究[J].商讯商业经济文荟(3): 63-66.

祝向波,2017.攀枝花市康养旅游资源评价与开发研究[D].成都:成都理工大学.

詹石窗,2015.道教文化养生及其现代价值[J].湖南大学学报(社会科学版),29(1):11-16.

周义龙,2016.海南医疗养生旅游发展模式选择[J].开放导报(2):109-112.

ARAHI Y, 1998. Rural tourism in Japan: the regeneration of rural communities [M]. Taipei: Food & Fertilizer Technology Center.

CONNELL J, 2006. Medical tourism: sea,sun,sand and surgery [J]. Tourism management, 27(6): 1093-1100.

GOODRICH J N, 1994. Health tourism: a new positioning strategy for tourist destinations [J]. Journal of international consumer marketing, 6 (3-4): 227-238.

HEUNG V C S, KUCUKUSTA D, 2013. Wellness tourism in China: resources, development and marketing [J]. International journal of tourism research, 4(15): 346-359.

MURPHY A, WILLIAMS P W, 1999. Attracting Japanese tourists into the rural hinterland: implications for rural development and planning [J]. Tourism management, 20(4): 487-499.

MUELLER H, KAUFMANN E L, 2001. Wellness tourism: market analysis of a special health tourism segment and implications for the hotel industry [J]. Journal of vacation marketing, 7 (1): 5-17.

PEARCY D H, GORODNIA D, LESTER J, 2012. Using the resource-based view to explore the Jamaican health tourism sector as a service: a preliminary examination [J]. Journal of business case studies, 3(8): 325-334.

ROGERS S C, 2002. Which heritage? Nature,culture,and identity in French rural tourism [J]. French historical studies, 3(25): 475-503.

SMITH M, PUCZKÓ L, 2009. Health and wellness tourism [M]. Oxford: Elsevier.

SPIVACK S E, 1998. Health Spa development in the US: a burgeoning component of sport tourism [J]. Journal of vacation marketing, 4 (1): 65-77.

旅游需求与行为分析
Tourism Demand and Behavior Analysis

老年人康养旅游的家庭认知冲突

Family Cognitive Conflicts in Elderly Wellness Tourism

文 / 汪群龙　沈旭炜　郑 越　李咪咪

【摘 要】

本文从社会认知视角研究家庭成员对老年人康养旅游的认知冲突问题。通过夫妻联合访谈与个人访谈相结合的方式，对"与配偶""与配偶和子女""仅与子女""独身"4种不同生活模式的老年人家庭进行了深入访谈，考察了不同家庭成员对老年人康养旅游现象这一社会性事件及其反映的各种社会关系的感知和评价状况，分析了不同家庭成员的认知策略及其对代际关系走向的影响，展示了家庭成员在利益、价值、情感方面的特点。通过研究，进一步揭示了认知冲突的起源、本质、过程及其影响机制，从而建构老年人康养旅游家庭认知冲突的理论框架，为旅游企业、家庭、政府部门等不同利益相关者实施行动策略提供实践指导。

【关键词】

老年人；康养旅游；家庭成员；认知冲突

【作者简介】

汪群龙　浙江树人大学副教授、副院长

沈旭炜　杭州市京杭运河（杭州段）综合保护中心中级经济师

郑　越　中国南方航空股份有限公司浙江地区总经理

李咪咪　香港理工大学副教授

图1 梯田美景 俞肖剑 / 摄

1 引言

　　康养旅游是一种基于自然生态与人文生态资源，以健康休闲、观赏游乐等形式（图1），达到修身健体、康复保健等目的的旅游活动（王赵，2009），已被社会和市场广泛认同。老年群体出于生理、心理及生活方式需要，对追求健康热情较高，康养旅游普遍成为其选择的主要旅游方式之一。在康养旅游产品的购买行为中，既存在子代为亲代代购产品的现象，也有亲代自主决策的情况（王艺，2017）。然而，近年来旅游市场上出现的名为"康养旅游"实则是"低价购物团""保健品绑架消费"等消费陷阱，极大

地扰乱了旅游市场秩序。这种"另类"的康养旅游以"健康"为由，使老年群体明知可能会上当受骗，却对此"趋之若鹜"，而子女则对此"嗤之以鼻"，为此"苦不堪言"。相关研究指出，人类在交往和互动时，会因为各种各样的原因而产生争论、竞争和对抗，从而使彼此之间的关系出现不同程度、不同表现形式的紧张状态（马新建，2007），这种紧张状态持续存在就会产生冲突。由亲子两代对康养旅游的认知差异而引发的利益、价值与情感方面的分歧与争论，对家庭代际关系造成了较大影响。目前对老年旅游的研究，主要集中在老年旅游动机、老年旅游决策和行为影响因素、老年

旅游偏好和行为特征、老年旅游市场等方面（杨海英，2014），而对老年人在旅游中产生代际冲突与矛盾等问题的研究缺失，对问题产生的根源、本质、影响机制等的研究更是缺乏。

　　本文从认知心理学与社会认知视角，采用质性研究方法，考察不同家庭主体对老年人康养旅游陷阱这一社会现象及其对各种社会关系的不同感知和评价状况，以及由此表现在认识性、情感性、程序性和目标性上的认知差异，分析不同家庭成员的认知策略及其对代际关系走向的影响，展示家庭成员在利益、价值、情感方面的特点。通过研究，进一步揭示认知冲突的起源、本质、

过程及其影响机制，从而建构老年人康养旅游代际认知冲突的理论框架，为旅游企业、家庭、政府部门等不同利益相关者实施行动策略提供实践指导。

2 文献回顾

老年旅游动机一直是旅游学术研究的热点，Thomas 和 Butter（1998）指出老年旅游者的出游动机主要是社交、追求健康与自我提升，也有学者认为健康需求、情感需求（怀旧、亲情等）、文化需求（宗教信仰、艺术欣赏等）、完善人生和有从众心理是老年人出游的主要动机（李琳 等，2011），我国老年人旅游动机具有多元性，其中，追求美与异动机和身心健康动机占多数（张运来 等，2009）。近年来，追求健康成为老年人旅游的一个重要动机（杨海英，2014；Horneman et al.，2002）。当前，对老年旅游市场的研究也逐渐兴起，如对冒险旅游（Muller et al.，2000）、生态旅游（高文举，2009）、体育旅游（张相安，2007）、度假旅游（王建喜 等，2008）、养老旅游（黄璜，2013；宋欢 等，2016）等的研究。自2016年国家颁布《国家康养旅游示范基地》LBT 051-2016以来，老年人康养旅游逐渐被市场认可，成为重点培育产业之一。从现有的研究成果来看，主要集中在康养旅游市场研究（任宣羽，2016），康养旅游产品、康养旅游的特征及差异性（杜宗棠 等，2017）以及康养旅游行为影响因素研究（刘民坤，2018）等方面，并未从学理层面对老年康养旅游陷阱的

代际认知问题进行深入探讨和分析。

社会个体在生活中接触的信息主要有自然信息与社会信息，社会认知就是个体对社会性客体和社会现象及其关系的感知和理解（庞丽娟 等，2002），可以分为人际认知、自我认知与社会事件认知等维度（李宇 等，2014）。实际上，社会认知活动往往基于一定的社会情境，社会情境中的不同要素可以提供相关信息和线索，帮助认知者了解认知对象（程玲，2007）。但认知者由于本身的生活方式、文化背景、个性以及价值追求不同，对同一社会事件会产生不同的认知结果。具体来说，社会认知是以社会性事件为对象，是社会个体根据经验对其进行的认知加工；同时，在认知过程中，社会个体是受到自身与外界因素影响的，并反映在社会领域中的人际关系、角色关系、社会关系等方面。基于社会认知理论框架，具体到旅游活动事件上，处于社会和文化情境中的社会行为体（家庭中的亲代与子代），对呈现于外部的社会性事件（老年人康养旅游陷阱）及其反映的各种社会关系（亲子关系、代际关系）进行感知和评价，从而得到外部客观实体在自己心目中的认知形象。因此，从社会认知视角探讨不同家庭成员对旅游活动中某一社会性事件的认知差异问题，有助于深刻理解在老年人旅游上产生的代际冲突与矛盾。

冲突往往涉及人与人之间的需求关系（彼得·康德夫，1998）。当个体由于认知差异出现不同程度的分歧、竞争与对抗时，就会发生"冲突"（马新建，2007）。一般而言，

冲突主要有四个方面的属性：认识性差异，即冲突双方在思想、观点、看法上的不一致所引发的冲突表现；情感性差异，即冲突各方之间或冲突主体内部存在不同或不相容的情感引发的冲突表现；程序性差异，即冲突各方存在着不一致或不相容的优先事件选择，因过程顺序安排而引发的冲突表现；目标性差异，即冲突各方因不一致或不相容的结果追求、价值取向引发的冲突表现（马新建，2007）。

3 研究设计

本研究遵循建构主义，运用扎根理论的研究方法，不仅将家庭成员作为研究对象，同时也让其积极参与研究，尤其关注其在社会性事件中自由表达的情感、故事和利益价值。研究直接从访谈入手，在收集原始资料的基础上寻找反映事物现象本质的核心概念，然后通过这些概念之间的联系建构相关理论。在收集和分析资料时，对现有的社会认知理论、冲突理论以及资料中呈现的理论保持高度敏感，捕捉新的建构理论的线索。研究采用夫妻联合访谈和个人访谈相结合的方式。夫妻联合访谈不仅可以节约时间与成本，同时提供了一个共同反思的空间，夫妻的行为以及他们在访谈情景中的互动可供研究人员观察，有助于产生丰富的数据；个人访谈则规避了联合访谈在空间与独立性方面的劣势。

首先确定访谈对象为家庭成员，根据家庭结构类型的不同，以60岁及以上的老年人为选择标

准，分别选择"与配偶""与配偶和子女""仅与子女""独身"4种不同生活模式的老年人家庭进行访谈。为研究亲代与亲代、亲代与子代、子代与子代之间的不同认知情况，共对10人进行访谈，其中亲代6人，子代4人。设计了两套访谈提纲，主要集中在认识性问题（亲子两代对康养旅游陷阱的看法）、情感性问题（亲子两代对老年人参加康养旅游的情感态度及影响评价）、程序性问题（旅游受家庭生活中的时间与金钱的影响）以及目标性问题（亲子两代对老年人康养旅游的结果追求与价值取向）上，共11个问题，征求被访谈者同意后进行录音。如样本为"与配偶""与配偶和子女""仅与子女"生活的三类家庭，进行夫妻联合访谈，对亲代和子代两类群体分别进

行访谈，并保持空间独立性，通过他们之间的互动关系来观察不同的认知情况。如样本为"独身"家庭则进行个人访谈。在访谈阶段，尤其关注已有事件经历的被访谈者的自由表达。从两类家庭成员、三个不同层面人际关系的多元化视角对同一事件进行资料收集，加强研究的严谨性和可信性。

通过访谈收集逐字稿共4.6万字，采用内容分析法对数据进行分析。具体过程为：第一，访谈数据收集后，通过专业软件将录音及时转录为文本材料，并进行逐字逐句整理；第二，对访谈数据进行编码分析，通过系统地记录、分类和比较，从资料中发现概念类属；第三，对提炼的概念类属进行反复比较分析，建立概念和概念之间的联系，揭示潜在的含义和观点。

4 研究发现与讨论

4.1 代际认知特征的矛盾与复杂性

亲代在对康养旅游陷阱这一社会现象的认知上，内心是矛盾的，主要体现在：一方面表示"不喜欢，是骗老年人钱"，另一方面又会去参加，甚至对子女隐瞒花了大价钱去购买产品。同时，亲代都强调自己有足够的识别能力、经验以及警惕性，能够避免落入陷阱，实际上，有些老年人被蒙在鼓里，并没有发觉自己已陷入其中。子代则对康养旅游陷阱几乎都持否定态度。

亲代的认知和行动策略与其生理和心理特点有关。其中最强的动因是对健康的生理需要；与社区老年人结伴而行则体现了其想积极参与社会互动的心理需求（图2），但与其职业背景、经济收入没有直接的

图2 九寨沟民俗文化村　　　　　　　　　　　　　　　　　　　　　　　　　　　刘婉莹／摄

关联。如在访谈中发现，在参加健康讲座、健康基地旅游后，购买产品的现场都会有不同职业背景的老年人群体，有些老年人是通过省钱而后积极参加健康讲座、购买高价产品的。除此之外也与社会情境因素有关。虚假宣传（吃了药癌症都好了）、强制消费（在购物场所长时间滞留或遭营业人员威胁）、引诱消费（参加健康讲座获得免费体检）、赠送产品（免费出国旅游、赠送各种生活用品）以及销售员与老年人的积极互动（简直比自己的儿子和女儿还要"贴心"）和强制性互动（销售人员在旅游结束后登门售卖高额保健品，半夜骚扰）也是导致老年人采取行动的深层原因。

可见，认知者由于自身的生活经验、个人需求及文化背景不同，对同一社会刺激或社会事件会产生不同的认知结果。实际上，每一个认知者都有其追求的最大价值目标，例如亲代对健康的追求是其做出相关行为的动机所在，而子代希望亲代基于其文化背景所认可的健康方式行动，这就使代际之间的认知产生了差异。同时，社会互动行为也在较大程度上对行动者的意识与行动产生了影响。

4.2 代际认知冲突主要发生在价值、情感、程序与目标领域

亲代与子代在康养旅游陷阱问题上主要在价值、情感、程序与目标上存在冲突。在价值领域，亲代是为了满足自身对健康的需求，并表示如果有效果，就会使用产品或参加相关活动。子代对该问题的认知基本是一致的，都认为是骗人的，

并告知老年人产品会有副作用等。在情感领域，当子代提出反对意见或不支持其行为后，亲代会顾及子代的感受，但会加以隐瞒，偷偷摸摸进行。子代发现了亲代的隐瞒行为，但为顾及家庭关系，不会揭破，也不会与亲代发生正面冲突，而是通过提醒的方式回应。在程序领域，亲代认为自己有退休收入，经济实力足以支撑，也不花小辈的钱。哪怕是企业退休人员，即使收入低，也会从生活的其他方面节约资金后，家里不着急用钱不影响去参加此类活动。但在实际程序上，亲代容易被子女"绑架"，考虑到要接送小孩上学或者照顾小孩，一般都会做选择性安排。在目标领域，亲代在该事件上追求的是诸如健康、社会性感情互动、旅游体验等社会化目标，同时也有贪小便宜、图免费等心理。子代主要从老年人的花费、出行安排和购物选择的合理性等方面实施其认知策略。总体来讲，亲代认为子代因为没有这些需求，故对老年人心态不了解。

可见，代际认知冲突起源于认识差异，尤其是对价值追求的不同看法与观点。家庭成员日常生活中的情感则会使冲突有不同的走向：正向的家庭情感某种程度上会使冲突效应下降，反之，本身就存在矛盾或潜在矛盾的情感则会将冲突引入显性层面。

4.3 认知冲突主体多元化，文化与情感是主要调适机制

认知冲突发生在亲代与子代之间，亲代一般都会顾及子代的感受，这主要是从家庭情感方面考虑。例

如，在访谈中，亲代表示会好好复盘一下这件事情，子女不支持的话，就不再去做类似的事情。子代一般采取两种行动策略，一种是睁一只眼闭一只眼，即使是坚决反对或者发现有隐瞒行为，也只是通过提醒或帮助识别等间接方式进行回应，在行动上也不会引发正面冲突。另一种是子代组织家庭旅游或为老年人选择正规的康养旅游方式（图3），这主要是出于对传统孝道文化的考虑。例如，在访谈中，子代表示在自己能够消费得起的范围内，父母又觉得比较开心，觉得他们去一下也无妨。不管任何时候，对老人支持一点，他们都会觉得很开心。

认知冲突也发生在亲代之间。在访谈中发现，其中有一方特别相信保健品对自身健康有好处，所以购买各种保健品来治疗病症，另一方虽然思想上并不赞同，但最后还是采取妥协策略，以使双方行动保持一致。这种亲代之间的冲突主要是通过夫妻间的情感来调适。同时，亲代间团结且行动一致，对他们再次进行康养旅游起到了很大的助推作用。

亲代之间存在认知冲突是本文研究的意外发现，这主要得益于对夫妻联合访谈方式的运用。这种认知冲突与个人需求显然没有直接关系，应当从生活经验与文化背景或认知能力方面去分析。传统孝文化在中国家庭中具有较强的冲突调适作用，而夫妻情感也是家庭团结的重要推动力。

4.4 认知冲突的根源与本质

从亲代与子代的话语体系、知识共享、情感表达、认知行动策略等方面进行考察，发现代际之间发

图3 云南西双版纳之旅　　　　　　　　　　栾振锋／摄

此表达自己是不受约束的。这实际上体现了家庭权力与地位关系在代际之间的运行规律。

4.5 认知冲突对家庭关系的影响

认知冲突对家庭关系的影响主要呈现阶段性特征——从偶尔的紧张（翻脸）到持续紧张、未造成很大的影响再到亲代群体互动后互相支持鼓励、持续隐瞒，恶性循环，最后进入矛盾潜伏的状态。受访者均表示，自己的旅游购物行为不会给家庭关系带来什么影响，前提是旅游支出来源于自己的退休工资。显然，没有产生影响并非意味着真的不产生影响，老年人隐瞒自己购买高价保健品这一事实，恰恰反映了亲代与子代在这个问题上存在着潜在冲突，同时亲代与群体互动后的互相鼓励与支持，会使隐性冲突进一步加剧，如果到达边界，也有可能演变为正面冲突。

5 结论和建议

本文从社会认知视角研究家庭成员对老年人康养旅游的认知冲突问题，通过研究揭示了认知冲突的起源、本质、过程及其影响机制，从而建构了老年人康养旅游代际认知冲突的理论框架，可为旅游企业、家庭、政府部门等不同利益相关者实施行动策略提供实践指导。研究主要结论如下。

第一，亲代与子代之间存在较大的认知差异，亲代的认知具有矛盾性与复杂性。亲代的心理特点、体验、价值追求、社会互动需求以及社会情境因素是其认知形成与采

生认知冲突主要是由代际知识文化体系、不同人生阶段的价值追求、社会情境等方面的差异引起的，这些都在文献与本次访谈中有所体现。值得指出的是，本次研究还发现家

庭互动与代际权力控制也是引发认知冲突的根本原因之一。例如，代际之间本来就存在潜在家庭矛盾，就会有"对着干，你越叫我不要去我越要去"的情况发生，老年人以

取某种行动策略的动因。第二，代际认知冲突主要发生在价值、情感、程序、目标领域，认知冲突主体具有多元化特征，冲突既发生在亲代与子代之间，也发生在亲代之间，文化与情感是冲突的主要调适机制。第三，通过对代际话语体系、知识共享、情感表达、认知行动策略等方面的考察，代际之间发生认知冲突主要是由代际知识文化体系、不同人生阶段的价值追求、社会情境等方面的差异引起的。同时，家庭互动与代际权力控制也是引发认知冲突的根本原因之一。第四，认知冲突对家庭关系的影响主要呈现阶段性特征——从偶尔的紧张（翻脸）到持续紧张、未造成很大的影响再到亲代群体互动后互相

支持鼓励、持续隐瞒、恶性循环，最后进入矛盾潜伏的状态。代际冲突是隐性的，如果达到边界，也有可能演变为正面冲突。

可见，代际认知冲突一定程度上会导致康养旅游产品陷入推广困境。建议政府部门进一步改善营商环境，严厉打击各类旅游陷阱，做好康养旅游市场的规范化、标准化建设，统筹规划康养旅游宣传与品牌打造。康养旅游企业应重视产品与服务的品牌化经营，树立服务意识，真正开发集观赏、休闲、康体、游乐于一体的特色产品，并对旅游的营销、渠道、服务理念等方面进行更为有效的规划与实施，降低老年旅游者及其家庭成员的信任成本，进一步改善旅游体验。

通过研究，本文构建了"老年人康养旅游的代际认知冲突理论框架"（图4），该理论框架描述了家庭成员尤其是亲代与子代对某一旅游偏差行为的认知差异、认知冲突、冲突根源、冲突调适及影响效应，对旅游偏差行为对家庭代际关系的影响做了理论探索，为今后研究此类问题提供了思路。同时，本研究可以为今后康养旅游企业为老年人群体制定旅游方案、政府部门出台针对"旅游陷阱"的法规条例，以及如何对家庭代际关系进行有效管理等提供实践指导。本文提出的分析框架，在理论上具有推广至老年人其他旅游偏差行为的可能性，但并未得到验证，这是未来值得深入研究的方向之一。

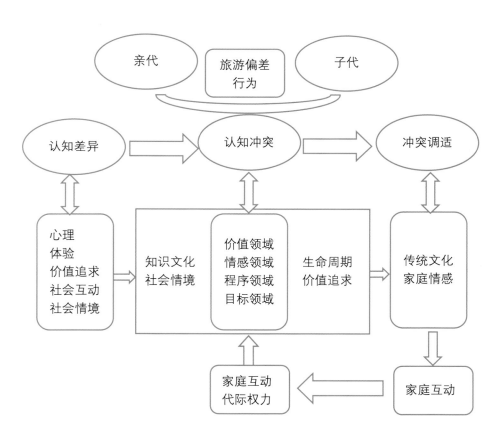

图4 老年人康养旅游的代际认知冲突理论框架图

参考文献

康戴夫,1998. 冲突事务管理:理论与实践[M]. 何云峰,等,译. 北京:世界图书出版公司.

程玲,2007. 社会认知理论及其在社会工作中的运用[J]. 长沙民政职业技术学院学报,14(1):21-24.

杜宗棠,张星,2017. 康养旅游的特征与差异研究:以北戴河为例[J]. 时代金融(12):290-293.

高文举,2009. 老年人生态旅游市场探析[J]. 现代农业科技(17):361-362.

黄璜,2013. 国外养老旅游研究进展与我国借鉴[J]. 旅游科学,27(6):13-38.

李琳,钟志平,2011. 中国老年旅游研究述评[J]. 湖南商学院学报,18(6):100-104.

李宇,王沛,孙连荣,2014. 中国人社会认知研究的沿革、趋势与理论建构[J]. 心理科学进展,22(11):1691-1707.

刘民坤,2018. 基于推—拉理论的康养旅游行为影响因素研究:以广西巴马为例[J]. 四川旅游学院学报,134(1):36-40.

马新建,2007. 冲突管理:一般理论命题的理性思考[J]. 东南大学学报(哲学社会科学版),9(5):62-68.

庞丽娟,田瑞清,2002. 儿童的社会认知发展特点[J]. 心理科学,25(2):144-147.

任宣羽,2016. 康养旅游:内涵解析与发展路径[J]. 中国旅游发展笔谈,31(11):1-4.

宋欢,杨美霞,2016. 养老旅游的概念与本质[J]. 三峡大学学报(人文社会科学版),38(6):37-41.

王赵,2009. 国际旅游岛:海南要开好康养旅游这个"方子"[J]. 今日海南(12):12-50.

王艺,2017. 康养旅游:公共性与文化性并举[J]. 广西城镇建设(10):37-46.

王建喜,张霞,2008. 我国度假旅游发展的驱动机制[J]. 社会科学家,140(12):91-93.

杨海英,2014. 国外老年旅游研究综述[J]. 北京劳动保障职业学院学报,8(4):34-40.

张运来,李跃东,2009. 基于内容分析法的老年人旅游动机研究[J]. 北京工商大学学报(社会科学版),24(5):101-106.

张相安,2007. 老年体育旅游探析[J]. 商场现代化(26):261.

HORNEMAN L, CARTER R, WEI S, 2002. Profiling the senior traveler: an Australian perspective[J]. Journal of travel research, 41:23-37.

MULLER T E, CLEAVER M, 2000. Targeting CANZUS baby boomer explorer and adventure [J]. Segments journal of vacation marketing, 6(2):154-169.

THOMAS D, BUTTER F, 1998. Assessing leisure motivators and satisfaction of international elder hotel participants[J]. Journal of travel and tourism marketing, 7(1):31-38.

"世界那么大，老了去看看"：旅居养老适应分析

Embracing the World When Getting Old: Elder Sojournerd's Adaption to the Destination Community

文 / 陈鹭洁　康　凝　李焕疆　李咪咪

【摘　要】

旅居养老已经成为时下流行的养老模式，已有的文献对旅居养老行为的动机、时空规律以及经济效益进行了一定的研究，但缺乏对老人在旅居过程中如何适应的分析。本文运用旅居者适应理论，采用质性研究方法，选择北京、上海、厦门三地的15名旅居老人作为研究对象，探究旅居老人适应类型及其影响因素。研究结论显示，旅居老人适应主要包括生活适应、心理适应和文化适应，不同类型的适应之间彼此相关；旅居老人适应受到背景变量、情境变量和个体变量的影响，且背景变量影响生活适应，情境变量影响心理适应，而个体变量影响文化适应。本文既是对养老旅游行为分析的补充，也是对旅居者适应理论的补充，可为旅居养老产品和旅居城市规划建设与管理提供一定的实践指导意义。

【关键词】

旅居养老；养老旅游；季节性退休移民；旅居者适应

【作者简介】

陈鹭洁　厦门华厦学院副教授，香港理工大学博士研究生

康　凝　中金投资集团文化旅游事业部市场经理，香港理工大学博士研究生

李焕疆　中国保利集团公司战略投资中心高级经理，香港理工大学博士研究生

李咪咪　香港理工大学酒店及旅游业管理学院副教授

1 引言

随着全球范围内人口老龄化形式日益严峻，养老问题受到广泛的关注。旅居养老作为一种养老模式，已经成为许多国家老年人的养老选择。旅居养老是指老年人为享受更高质量的生活环境，促进身心健康的发展，而突破养老的地域限制，到自然环境更舒适的地点休闲疗养（康蕊，2016）。旅居养老是"候鸟式养老"和"度假式养老"的融合体，老人们会在不同季节辗转多个地方，一边旅游一边养老，选择"旅居养老"的老人一般会在一个地方住上十天半个月甚至数月。2010年，在广西巴马旅居的老人达到15万；2013年，在三亚过冬的"候鸟式"老年人达到40万（图1），由中国常青藤旅居养老产业联盟、《老年生活报》共同组织调查并撰写的《2018中国旅居养老发展蓝皮书》指出，目前，我国大部分老年人健康状况较好，由于老年人都已经退休，超过57%的人可以说走就走，过上旅居生活。但老人离开常住地，在异地短暂旅居的过程中，离开熟悉的环境会不习惯，从而做出调整适应。目前，针对旅居养老现象的研究主要集中在老人的旅游动机、条件、旅居目的地选择等方面，缺乏对旅居过程适应的研究；而在旅居适应的研究中，缺乏对银发族的关注。基于此，本文的研究目的就是了解老年人的旅居适应及其影响因素。

2 文献回顾

2.1 旅居养老研究

旅居养老，也称养老旅游、老年长居旅游（elderly long-stay tourism），是指老年人旅行到其常住地之外生活，连续停留时间为一个月至一年，旅行距离一般跨越省界甚至国界。旅居养老以提高生活质量为目的，以季节性、多居所、巡回式的生活方式为特征，既不同于短期观光旅游，也不同于长期性迁移，具有独特的发展规律（黄璜，2013）。旅居养老模式在国外被界定为季节性退休移民（seasonal retirement migration）（Gustafson，2002），选择旅居养老模式的老人被称为"雪鸟"（snowbirds，冬天飞

图1 三亚度假酒店

徐晓东 / 摄

南方）、"太阳鸟"（sunbirds，夏天离开南方去凉爽的地方）（Smith et al.，2006）或者灰色游牧民（grey nomad）（Hillman，2013）。

对旅居养老的研究起源于20世纪70年代大量英国人退休后迁移到西班牙的现象。从现有的文献来看，旅居养老的研究内容大致可以总结为以下几个方面。首先，是对旅居养老动机的研究。Zhou、Yu、Wu、Wall 和 Pearce（2018）认为中国老年人是以改善健康状况和长寿为动机的。Howard（2008）则通过调查发现吸引西方发达国家的退休人员迁移去泰国的要素是较低的生活成本、温暖的气候、泰国的生活方式和文化，以及有吸引力的性伴侣。其次，是对旅居养老时空特征的研究。Hillman（2013）调查了灰色游牧民主要在6月、7月、8月和9月频繁出没于澳大利亚北部，以躲避澳大利亚南部寒冷的气候。中国的旅居老人在海南的停留时间集中在10月至来年的4月（周刚，2009）。Casado-Daz、Kaiser 和 Warnes（2004）研究的是跨国的旅居养老行为，Hogan 和 Steinnes（1998）研究的则是跨州的旅居养老行为。再次，是对旅居老人行为特征的研究，特别是对旅游行为的研究。Gustafson（2002）指出旅居老人在旅游行为和观光旅游行为上独具特征。最后，是对旅居老人对目的地经济效益影响的研究。大量的季节性退休移民的迁移能提升区域经济发展质量，推动目的地结构升级，促进消费结构、服务业态和老年人服务品质提升，推动城市化进程和城市形态革新（Bennett，1993）。

以上总结说明旅居养老的研究内容还是比较丰富的。但 Bjelde 和 Sanders（2012）指出，现在尚缺少对旅居老人在异地实际生活经历的研究。Gustafson（2001）在一项研究中对瑞典的季节性退休移民进行了采访，受访者表示西班牙的风俗习惯有时会令人不习惯，但是自己作为外国人，应该尽量去适应。但是，现有研究并没有关注旅居老人如何在目的地进行调整适应。

2.2 旅居者适应

旅居者（sojourner）是指暂时居住在国外但无意永久定居的个人（Church，1982），通常包括学生、受训人员、技术助理、游客、商人、军事人员、传教士、外交官员、教授等多种类型的旅行者（Brein et al.，1971）。

Oberg 提出了文化冲击（culture shock）的概念，认为文化冲击是人们突然被引入一个与他们自己的文化截然不同的文化中所产生的焦虑，因此需要一个适应或者调整的过程（Church，1982）。Brein 和 David（1971）把这种适应过程称为"旅居者适应"（sojourner adjustment）。

自 Oberg 揭开了序幕，在接下来的30年间，关于旅居者适应的研究蓬勃发展。Church（1982）在对旅居者适应的文献回顾中，将研究成果总结为三大类：第一类是对旅居者适应阶段、适应曲线以及适应的类型或者模式的描述。第二类是不同群体在旅居期间遇到的问题。例如，对学生旅居者来说，最重要的问题似乎是语言困难；而和平队

志愿者、传教士、技术援助人员和海外商人这些群体可能遇到其他问题。第三类是影响旅居者适应水平的因素，主要包括背景变量、情境变量和个体变量。

Searle 和 Ward（1990）则认为先前的旅居者适应研究存在问题。他指出在旅居者适应指标中，既包含了心理维度（幸福的感觉或满意），也包含了社会文化维度（融入或和新文化的互动）。因此，需要把旅居者适应划分为心理适应和社会文化适应，而且他认为心理适应和社会文化适应是受不同变量影响的。于是，Searle 和 Ward（1990）通过对旅居在新西兰的150名马来西亚和新加坡的学生进行问卷调查和实证分析，得出心理适应受到与东道主国家居民交往的满意度、生活变化、外向性和社会状况的影响，而社会文化适应则与文化距离、预期困难以及抑郁相关。同时，心理适应和社会文化适应之间相互关联。

之后，Ward 和他的同事们（1993，1994，1997，1998，1999，2004）做了大量关于旅居者心理适应和社会文化适应的研究，形成了完整的理论框架，被跨文化行为研究者广泛接受，并得到一些实证支持。Eshel 和 Rosenthal-Sokolov（2000）调查了300名犹太旅居青年（15~18岁）的文化适应态度、社会文化调整措施和与东道国社会（以色列）接触的时间，结果显示，调整水平随着他们在以色列的时间增加而降低。Navara 和 James（2002）则比较了旅居传教士和其他旅居群体应对文化压力并进行调整的区别。James 等（2004）对64

图2 远眺的老年夫妻　　　　　　　Pixabay 摄，引自 Pexels

（2008）指出旅居老人有着特殊的旅居体验（图2），他们保持着季节性、多居所、巡回式的生活方式，这就使得他们既依托于客源地，又归属于目的地。同时，旅居老人内部也差异显著，其组成结构、迁移动机、环境需求、生活方式、居住形态表现出明显的多样性（Casado-Daz et al.，2004）。因此，他们在旅居过程中的适应情况如何？他们遇到了哪些困难？他们如何调整和适应？他们的适应会受到哪些因素的影响？以上种种，都值得我们去探索发现。

3 研究设计

本研究选择的是质性研究方法。通过深度访谈，了解旅居老人对自己的适应调整经验的看法，揭示旅居老人在适应新环境方面的主观感受，并了解不同因素对其调整适应水平的影响。

研究分为两个阶段。第一阶段是对旅居老人进行访谈。采用目的性抽样，在北京、上海、厦门三地对15名有旅居经历的老人进行深度访谈。具体参与者的相关情况如表1所示。数据收集的主要模式是开放式、半结构化的访谈，主要围绕研究目标设计访谈方案和问题。访谈内容涵盖以下几个方面：研究对象在旅居地的生活状况、适应策略，以及与旅居地的融合程度。每一次深度访谈大概持续半小时至一小时，采用面对面访谈或电话访谈的方式。由于最初的访谈方案是在文献回顾的基础上，结合研究目标进行设计的，但是在访谈过程中，

对旅居尼泊尔的夫妇的旅居适应进行了实证研究，建议 Ward 的心理适应和社会文化适应的模型应包括婚姻变量。Pedersen、Neighbors、Larimer 和 Lee（2011），Kwon（2013），Lefdahl-Davis 和 Perrone-McGovern（2015），Anderson、Guan 和 Koc（2016）

则对旅居学生群体的适应问题及其影响因素进行了讨论。

由此可见，不同群体在旅居过程中的适应情况是不同的，适应水平的影响因素也各异。Ward 和 Searle（1991）建议未来研究可以并应该扩大到更多样化的样本，而不应该仅仅局限于留学生。Ono

被访谈者往往会提供一些访谈提纲未涉及的内容，为了更好地反映旅居老人的适应规律，研究者会在每一次访谈后进行反思，再根据需要对访谈问题进行相应的调整。

第二阶段是数据分析。所有的访谈录音都转录为文稿，采用了扎根理论的指导原则对文稿进行分析。

根据分析步骤，首先反复阅读访谈资料，之后对访谈资料进行编码，编码包括三个步骤——初始编码、集中编码和理论编码（Lefdahl-Davis et al., 2015）。编码最终的结果如表2所示。最终的理论编码分为两大类属，分别是旅居老人的适应类型及其影响因素。接着，根据所形成的主题，结合文献的启发，同时结合分析的理论框架，发现不同的因素会引起不同的适应调整，具体结论如图1所示。由于研究团队成员思维存在差异，在编码的过程中，先单独编码，而后对各自的编码进行比较和讨论，希望能呈现旅居老人适应调整经验及其影响因素的更多内容。

4 研究发现

4.1 旅居老人适应类型

旅居老人的适应类型包括三种——生活适应、心理适应和文化适应。生活适应是指能够应对日常生活，掌握相应的生活技能。（7）①"那里的车很少，等的时间也很长，后来我就在那里买了电瓶车。"心理适应是一种感受——幸福或者满意的感受，这种感受的形成通常有一个过程。（14）"在那里很孤独，不想待。但是到后来吧，就这样慢慢地，也就适应这个生活了，觉得不太孤独了，也能适应了。就这样，慢慢有个过程。"文化适应主要是指对当地文化、风俗习惯的理解和接受。（7）"几乎80%的当地人都嚼槟榔，嚼完就吐在地上，像血一样，红红的，嘴巴也是红红的。不过好像他们那里的人习惯嚼槟榔。"

4.2 影响因素

在对资料进行编码的过程中，经过总结，旅居老人适应水平的影响因素可以分为三大类。第一类是背景变量。主要是指旅居地现实情况。具体体现为：旅居地的交通情况——

表1 受访者信息

序号	受访者	年龄	常住地	旅居地	旅居时间
1	潘先生夫妇	70+	厦门	北京	2个月
2	李先生	64	北京	海南/哈尔滨	2个月/2个月
3	杨先生夫妇	60+	天津	美国/海南/蓟县	6个月/1个月/2个月
4	赵女士	80+	贵阳	海南	6个月
5	缪先生	70+	贵阳	海南	7个月
6	贺先生	70	湖南	上海	1年
7	李先生	65	山东	上海/海南	4年
8	李先生	64	上海	三亚	6个月
9	张先生夫妇	60+	北京	威海	2个月
10	周先生	65	上海	奥斯陆/澳大利亚	1个月
11	姚先生	70	北京	东方	4年
12	李女士	70	北京	内蒙古	8个月
13	曹女士	65	北京	威海	10个月
14	陈先生	69	陕西	美国	6个月
15	王女士	65	北京	五指山	5个月

表2 旅居老人适应规律编码

理论编码	集中编码	初始编码
旅居者适应	生活适应	处理、应对（潮湿）、学会（骑电动车、做饭、坐公交车、找黑车）、掌握（自救技能）、获得技能
	心理适应	无助、孤独、单调、憋屈、满意、喜欢、开心、幸福、踏实、舒畅
	文化适应	理解、接受、认可、认同、融合、融洽
影响因素	背景变量	饮食、交通、医疗、物价、卫生、天气、环境、城市功能、治安、公共设施、语言
	情境变量	旅居动机、与其他旅居者的交往、参加活动（老年大学、协会、老年公寓、合唱团、剧院看戏、旅游）、买房置业
	个体变量	个人经历、对当地人的态度（勤劳、厉害、狡猾、贫穷、落后、实在、没文化、热情、纯朴、厚道）、对当地文化的了解（风俗、节庆）

（1）"北京真的是太大大了，我们常说大北京、大北京，去一个地方，坐车都要坐好久。"旅居地的医疗情况——（15）"是这样的，海南就是医疗差一些，因为它虽然有医院，各大医院都有，但是医生就是照北京差得很远，就是医疗不行。"旅居地的物价水平——（8）"那里的物价真的是太高、太高、太高了。"旅居地的饮食差异——（12）"内蒙古的饮食比较特殊，内蒙古的羊肉特别的多。"旅居地的环境情况——（13）"然后呢，环境也比较潮。像咱们北方人到南方去，环境潮，虽然看着天热，但是闷潮闷潮的，身体也很不舒服。"旅居地治安状况——（7）"就是那里有抢劫。像戴项链，一般在那里是不敢戴的。戴了以后，他会开一辆电动车，或者摩托车，抓一下就抢走了，就这样的。"旅居地的语言方面——（13）"我刚来的时候，我也不太听得懂这个山东话，国画老师是威海人，我们班里有好多人听不懂。"

第二类是情境变量。具体表现为：与其他旅居老人的交往情况——（11）"也有那么两三个挺好的，但是主要是什么，我们北京去的有十家，我们十家人原来是一块儿买的房，所以一块儿约着去，天天在一起走路啊，锻炼啊，买东西啊，形成了一个小圈子。"参加各种活动——（15）"海南那边的文化生活都很丰富的，我是在五指山，然后参加了不少活动，比如说旗袍协会，走走秀什么的，这些都是五指山文化局组织的活动。"置业情况——（5）"我们去三亚的第一年是租的房子，但是租房子有一个很

大的缺点，就是像流浪汉一样，后来我们要回去，租房之后买的锅碗瓢盆怎么办？于是，我们第三年就在那里买了房。"

第三类是个体变量。具体表现为：旅居的动机——（7）"我去海南，其实还有一个很重要的原因，就是我的身体状况，如果我不去海南，可能健康状况就很难预料。"个人的经历——（13）"在回答你这个问题之前，让你先了解一下我的经历。我觉得一个人的经历才决定了他能不能旅居养老。"对当地人的态度——（4）"我们还没有去的时候，比我们早去几年的同乡就告诉我们说，买菜的时候不要和当地人讲价，那个地方的人，性格非常直率，你跟他讲价，他就要发火。"文化知识（即对当地文化或者风俗习惯的了解）——（15）"五指山有三月三、少数民族、欢庆节日。"

4.3 旅居老人适应的影响分析
4.3.1 背景变量影响生活适应

旅居老人的适应也受到不同变量的影响。旅居老人的生活适应通常是受背景变量即旅居地的实际情况影响。因为旅居地和常住地在交通、饮食、医疗、物价等方面存在差异，所以旅居老人在旅居的过程中需要学会处理和应对日常生活，掌握一定的生活技能，去提升在旅居地生活的适应能力。（4）"因为我有高血压，是慢性的高血压，我要吃的药在那里只能按月买，不能一下买太多，而我住的地方又比较偏僻，交通不方便，所以后来我再过去的时候，就提前把所需的药买

好，带过去就放心了。"

4.3.2 情境变量影响心理适应

情境变量在这里主要体现为前往旅居地的动机、与其他旅居老人的交往、在旅居地参加活动以及在旅居地买房。情境变量通常影响心理适应，决定旅居老人的满意度和幸福感。（15）"它们那里就是空气好，天气好，我过去以后，像我的心血管病、血糖不正常，到那里都缓解了，我特别满意。"（14）"就很孤独，反正是，不想待在那里。后来就发现，还有一个老年公寓，和我一样的华人多，和我一样打太极拳的人很多，就有好多玩法，慢慢也就能适应了。"

4.3.3 个体变量影响社会适应

个体变量主要是指旅居老人的个人经历、对当地居民的态度以及对当地文化的了解三个方面。个体变量往往影响旅居老人的社会适应，往往体现为旅居老人对当地文化的理解和认同。（13）"我的个人经历，养成了我这种在哪里都能住的习惯，所以我觉得我没有什么不适应或者看不惯的地方。"（7）"当地贫穷落后，怎么个落后法啊，你看你要是在我们这里违反了交通规则，你是没有办法的吧。可是在那里就没有关系的，警察就和你明说，你去找人好了，你找到人就OK了，所以那里酒驾什么的就特别多。"

4.3.4 旅居老人适应的相互影响

旅居老人的适应表现为生活适应、心理适应和文化适应，不同的适应是会互相影响的（图3）。掌握了一些新的技能，更好地适应了旅居地的生活，对当地就会更满意。（11）"东方的公共交通比较差，

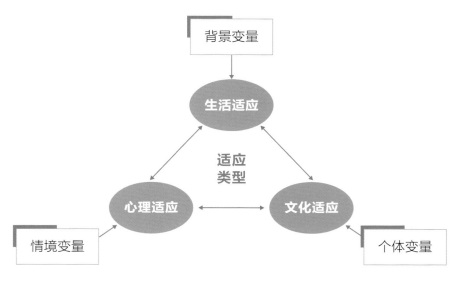

图3 影响因素和旅居者适应的关系

老百姓出行大部分都是那种摩托车，我在那里就骑电动车，也觉得挺方便的。"对当地文化的了解，影响了文化适应，产生了文化理解和认同，进而影响了心理适应。（12）"内蒙古的那个音乐，就是那个马头琴，非常好听，给人一种非常向上的动力，我当时来内蒙古的时候是很无助的，听着那个声音以后，就感觉浑身沸腾。"

5 结论和讨论

对旅居老人适应及其影响因素进行分析，不仅能更深入地了解养老旅游行为，而且丰富和补充了旅居者适应的相关理论。采用质性研究方法，通过对15名旅居老人进行深入访谈、收集数据，运用扎根理论的指导原则进行数据分析，得出如下结论：第一，旅居老人适应体现为生活适应、心理适应和文化适应；第二，影响旅居老人适应的因素有背景变量、情境变量和个体变量；第三，旅居老人不同的适应类型受到不同因素的影响。背景变量影响生活适应，情境变量影响心理适应，个体变量影响文化适应，旅居老人适应的各个类型彼此也会相互影响。

Searle 和 Ward（1990）将旅居者适应划分为心理适应和社会文化适应，它们分别受不同变量的影响。同时，Searle 和 Ward（1990）也提到不同群体的旅居适应不尽相同，因此应该把旅居者适应扩展到更多元的样本中去分析。在旅居过程中，老人对两地生活差异的感知比较强，再加上老人的体力、精力和学习能力较弱，因此，在生活适应中的问题尤为凸显。影响旅居者适应的因素通常有背景变量、情境变量和个体变量。其中背景变量强调的主要是旅居群体的背景，如国籍、年龄等，而忽略了旅居地背景对旅居者适应的影响。情境变量中，与其他旅居老人交往和参加当地的活动会影响心理适应，这与Pedersen（2011）和Ward（1994）等人关于心理适应受与本国国民交往的程度的影响的结论相符。但是，在旅居老人的适应影响因素中，与本地居民互动并没有过多影响旅居老人的适应。在深入分析访谈资料后发现，大多旅居老人并没有和当地人有过多的接触，他们大多时候是与和自己一样的旅居老人群体交往，形成了自己的小圈子，正如Haug 等人（2007）在研究西班牙的挪威季节性退休移民时发现他们会形成自己的"飞地"。个体变量中的个人经历、对当地人的态度以及对当地文化的了解对旅居老人文化适用的影响与 Church（1982）和 Ward（1991）等人总结的旅居者适应的影响因素结论一致。

在社会老龄化进程加速的背景下，分析旅居老人适应及其影响因素，对旅居养老产品以及旅居城市规划建设和管理都有一定的指导意义。可以开发多元化的旅游养老产品，例如中医药健康旅游、温泉旅游，旅居者可以借助丰富的旅游生活，缓解旅居过程中的不适应性；对于想要成为优质旅居养老目的地的城市，例如海南三亚、五指山，广西巴马等，应该加强基础设施建设，改善交通状况，改进医疗条件，吸引更多的旅居老人前往，从而提高城市的经济收益。旅居城市还可以规划综合性的康养旅游机构，完善内部设施设备，提升养老服务质量，提供一个健康、快乐、幸福的旅居环境。

注释

① 文中的序号是被访人员的编号。

参考文献

陈向明，2000. 质性研究方法与社会科学研究[M]. 北京：教育科学出版社.

黄璜，2013. 国外养老旅游研究进展与我国借鉴[J]. 旅游科学，27（6）：13-24, 38.

康蕊，2016. 关于旅居养老产业发展的思考：以海南省为例[J]. 社会福利（理论版）（4）：25-28.

周刚，2009. 养老旅游理论与实践研究[J]. 地域研究与开发，28（2）：112-116.

ANDERSON J R, GUAN Y, KOC Y, 2016. The academic adjustment scale: measuring the adjustment of permanent resident or sojourner students[J]. International journal of intercultural relations, 54（C）：68-76.

BJELDE K E, SANDERS G F, 2012. Change and continuity: experiences of midwestern snowbirds[J]. Journal of applied gerontology, 31（3）：314-335.

CASADO-DAZ M A, KAISER C, WARNES A M, 2004. Northern European retired residents in nine southern European areas: characteristics, motivations and adjustment[J]. Ageing and society, 24（3）：353-381.

CHURCH A T, 1982. Sojourner adjustment[J]. Psychological bulletin, 91（3）：540-572.

ESHEL Y, ROSENTHAL-SOKOLOV M, 2000. Acculturation attitudes and sociocultural adjustment of sojourner youth in Israel[J]. Journal of social psychology, 140（6）：677-691.

GUSTAFSON P, 2002. Tourism and seasonal retirement migration[J]. Annals of tourism research, 29（4）：899-918.

HAUG B, DANN G M S, MEHMETOGLU M, 2007. Little Norway in Spain: from tourism to migration[J]. Annals of tourism research, 34（1）：202-222.

HILLMAN W, 2013. Grey nomads travelling in Queensland, Australia: social and health needs[J]. Ageing & society, 33：579-597.

JAMES S, HUNSLEY J, NAVARA G S, et al., 2004. Marital,psychological, and sociocultural aspects of sojourner adjustment: expanding the field of enquiry[J]. International journal of intercultural relations, 28（2）：111-126.

KWON Y, 2013. The sociocultural adjustment of Chinese graduate students at Korean universities: a qualitative study[J]. International journal of intercultural relations, 37（5）：536-549.

MORROW S L, 2005. Quality and trustworthiness in qualitative research in counseling psychology[J]. Journal of counseling psychology, 52（2）：250-260.

NAVARA G S, JAMES S, 2002. Sojourner adjustment: does missionary status affect acculturation[J]. International journal of intercultural relations, 26（6）：695-709.

SEARLE W, WARD C, 1990. The prediction of psychological and sociocultural adjustment during cross-cultural transitions[J]. International journal of intercultural relations, 14（1990）：449-464.

SMITH S. K, HOUSE M, 2006. Snowbirds, sunbirds, and stayers: seasonal migration of elderly adults in Florida[J]. Journals of gerontology（61）：232-239.

WARD C, CHANG W C, 1997. "Cultural fit": a new perspective on personality and sojourner adjustment[J]. International journal of intercultural relations, 21（4）：525-533.

WARD C, OKURA Y, KENNED Y A, et al., 1998. The U-curve on trial: a longitudinal study of psychological and sociocultural adjustment during cross-cultural transition[J]. International journal of intercultural relations, 22（3），277-291.

WARD C, RANA-DEUBA A, 1999. Acculturation and adaptation revisited[J]. Journal of cross-cultural psychology, 30（4）：422.

WARD C, SEARLE W, 1991. The impact of value discrepancies and cultural-identity on psychological and sociocultural adjustment of sojourners[J]. International journal of intercultural relations, 15（2）：209-225.

ZHOU L, YU J, WU M Y, WALL G, et al., 2018. Seniors' seasonal movements for health enhancement[J]. The service industries journal, 38（1-2）：27-47.

唐诗宋词中的健康游憩行为研究

An Exploration of Health-related Leisure Behaviors in Tang and Song Poems

文 / 漆香池　钟栎娜

【摘　要】

唐诗宋词作为中国传统文化之瑰宝，反映了唐宋时期人们的思想和行为活动，其中就包含了不少有关当时人们健康游憩行为与养生方法的内容，可为现代人的健康生活提供借鉴。本文以《全唐诗》和《全宋词》作为主要研究资料，采用文本分析法对唐宋时期人们的健康游憩行为进行研究。我们发现在唐诗宋词中出现了有关养生饮食、健康旅游和休闲活动的多种健康游憩方式。在饮食方面，古人多注重饮食均衡与药食疗养，茶文化、酒文化贯穿于生活之中；在健康旅游方面，古人采取乘船、登山和垂钓等方式走进大自然，欣赏山水之美；在休闲活动方面，古人多寄情歌舞享受娱乐时光，在日常生活中采取坐卧休息、温泉热浴等方式疗养身体。我们的研究可为人们的健康游憩行为选择与健康生活方式改善提供启示。

【关键词】

唐诗宋词；健康；游憩行为；健康旅游；饮食

【作者简介】

漆香池　北京第二外国语学院旅游科学学院硕士研究生

钟栎娜　北京第二外国语学院旅游科学学院教授

1 引言

随着我国国民经济高速发展，人民生活水平不断提高，人们的生活工作压力也越来越大，健康问题日益凸显。世界卫生组织（WHO）将"健康"表述为："健康不仅仅是没有疾病，而且是一种在身体上、心理上的完美状态，并具备良好的适应力。"（世界卫生组织，2005）国家的法定节假日使我国居民有了更多参加旅游或游憩活动以改善健康状况的机会，有关游憩行为的相关研究也逐渐增多。游憩行为是游憩者根据自己的思想决策，借助游憩资源进行的各项活动（图1）。这些活动受游憩者的心理、动机和决策行为等影响，最终目的则是为了获得某种愉悦的游憩体验。因而可以说它是一个涉及地理学、社会学、心理学等多学科的综合概念。目前对它的研究主要针对游憩者在游憩活动过程中的行为方式、模式特征，以及这些行为带来的社会影响等（陈洁 等，2010）。

近年来，中国文化旅游的日益兴起使对中国传统文学与旅游相结合的学术研究备受关注。唐代和宋代作为我国历史上的两个繁盛时期，无论政治、经济还是文化都到了一个新的发展阶段，特别是诗词，更是空前绝后地繁荣，许多著名的诗人、词人，写出了无数脍炙人口、流芳百世的作品。这些诗词都是一定历史时期的产物，反映了那个时段人们的思想、行为活动，其中也包含了不少有关当时人们健康游憩行为与养生方法的内容，可为现代人的健康生活提供借鉴。

目前的游憩行为研究对古代人们的游憩行为涉及较少，而中国传统文化与旅游游憩的结合又是未来旅游研究的一大趋势。因此，本文以《全唐诗》和《全宋词》作为主要研究资料，采用文本分析法对唐宋时期人们的健康游憩行为进行研究，以期深入了解唐宋时期人们的健康游憩行为与养生理念，为人们健康游憩行为的选择与健康生活方式的改善提供启示。

图1 西湖

徐晓东／摄

2 文献回顾

2.1 游憩行为

游憩是一个较为难以全面定义的概念,游憩的英文为"recreation",原意是更新、恢复,是西方休闲理论研究中一个重要概念,西方的游憩概念也含有娱乐和休闲两层意思。加拿大学者斯蒂芬·史密斯（1992）在其《游憩地理学》中这样论述:"游憩是一个难以定义的概念。在实际应用中,游憩常常意味着一组特别的可观察的土地利用方式,或者是一套开列的活动节目单。游憩还包括被称为旅游、娱乐、运动、游戏以及某种程度上的文化等现象。"保继刚在其所著的《旅游地理学》中提出,游憩一般是指人们在闲暇时间所进行的各种活动,游憩可以恢复人的体力和精力,它的范围极其广泛,从在家看电视到外出度假都属于游憩（保继刚,1999）。人们在闲暇时间内为恢复体力和精力而进行的一切活动均可称为游憩。游憩是指人们在闲暇时间内所进行的包括室内和室外、近距离和远距离的各种活动。游憩与旅游是包含与被包含的关系,旅游只是人们所从事的游憩活动的一个部分（周常春 等,2004）。

近年来,作为对城市游憩活动快速发展的响应,学术界开始对游憩活动进行研究,相关论文的发表数量呈逐步上升的趋势。研究多集中于对游憩行为的研究上,游憩者行为特征研究、公园等特定场所游憩者行为研究、基于游憩行为的游憩空间研究这三个领域发文数量较多（陈洁 等,2010）。但关于古代游憩行为方面的研究论文数量较少,且研究不够深入。

2.2 古诗词与旅游

古诗词作为我国的传统文化,经历了上千年发展,对中华民族的文化传承起到十分重要且不可替代的作用（陆平 等,2017）。近年来,中国文化与旅游活动相结合的学术研究备受关注。作为中国传统文化的一部分,底蕴深厚、气势磅礴的古典诗词是发展旅游的重要内容。

古诗词中涉及不少中国的景观景点,古诗词作者通过对景观景点的描绘来抒发自己的思想感情,使诗句更有深意。在古诗词与旅游研究中,学者便针对古诗词中的旅游景观进行了深入探索。周睿（2011）整理巴渝旅游资源,提出了绘制重庆古诗词地图的可能;张捷（2011）以江苏吴江水乡古镇古诗词文化为例,研究历史文化资源数量敏感度调整评价模型;顾正阳等（2010）从旅游文化中具有代表性的山水旅游文化和宗教旅游文化两个方面入手,探讨古典诗歌的翻译方法和技巧,研究古诗词英译中的旅游文化。

古诗词作为中国重要传统文化,渐渐为旅游业发展所利用。李杨等（2009）研究古诗词文化在旅游业发展中的作用,探讨了古诗词旅游产品的市场和古诗词旅游产品的策划等;崔文颖（2014）研究了天辰楼杜甫诗词文化主题酒店室内设计,将"杜甫古诗词艺术表现手法"融入主题酒店,用文学上的艺术手法来营造空间语言的表达方式;贾敏（2016）通过研究普陀山旅游文化的推广与应用,分析游客心理体验,开发普陀山诗词旅游资源,打造普陀山文化旅游新境界;张捷等（2007）以江苏省吴江市江南水乡古诗词文化旅游产品规划为例,探索地方文脉中关于古典诗词的旅游规划模式。但是当前对古诗词中的古人旅游游憩行为、休闲活动的研究尚少。

3 研究设计

唐诗和宋词均为中国古典诗词的艺术高峰,唐诗宋词中记载了不少有关当时人们健康游憩行为与养生方法的内容,可为现代人的健康生活提供借鉴,其中包括养生饮食、健康旅游、休闲活动等多个方面。研究选取《全唐诗》和《全宋词》作为主要研究材料。《全唐诗》于清朝编校而成,收录了唐诗48900余首,共计900卷,目录12卷;《全宋词》经多次修订补正,全书共计辑两宋词人1330余家,词作约两万首,引用书目达530余种。两书对唐宋诗词的收录全面完整,流传甚广。

研究采用文本分析法,具体研究分为以下三个步骤:首先对《全唐诗》和《全宋词》进行人工阅读,摘取出诗词中与健康游憩行为有关的诗句,建立健康游憩基本数据库。其次从数据库的诗句中整理出与健康游憩行为密切相关的字词,建立唐诗宋词中的健康游憩行为词典,词典主要涉及养生饮食、健康旅游、休闲活动三个方面,整理得出字典共计173个字词。最后使用ROST CM6文本分析软件先进行分词处理,后进行字频/词频统计,并进行人工核验，保证数据的可靠性与准确性。最终词频统计结果如表1所示。

4 研究发现

4.1 唐诗宋词中的养生饮食

中国的养生饮食文化有着悠久的历史，形成了一套自己的完整的理论体系和丰富的养生方法。唐诗宋词中涉及的养生饮食包括饮酒、饮茶、药食、蔬菜、水果、主食和食荤等多方面，体现了唐宋时期人民多元的健康饮食理念。

酒文化和茶文化是中国饮食文化的重要组成部分。在《全唐诗》和《全宋词》中，"酒""樽""醑""觞"等与饮酒文化密切相关的字词共计出现了28782次之多，而"茶""茗""甘露""黄芽"等与饮茶文化密切相关的字词共计出现了1475次，可见饮酒与饮茶在唐宋时期人民生活中占据着不可或缺的重要地位。

"酒为百药之长"是古人对酒在医学上应用价值的高度评价，是祖国医学的卓越发明。酒具有"通血脉，散湿气""行药势，杀百邪恶毒气""除风下气""开胃下食"和"止膝疼痛"等作用（周华 等，2001）。在唐诗宋词中，诗人或把酒当歌，享受人间欢愉，李白《将进酒》中的千古名句"人生得意须尽欢，莫使金樽空对月"，罗隐《自遣》中的"今朝有酒今朝醉，明日愁来明日愁"，写尽古人对当下时光的珍惜与享受，尽显豪放自由。刘禹锡《酬乐天扬州初逢席上见赠》中有"今日听君歌一曲，暂凭杯酒长精神"，借酒抒发郁结之气；晏几道《阮郎归·旧香残粉似当初》中说喝酒能温暖寒夜，"衾风冷，枕鸳孤，愁肠待酒舒"，一壶酒就能消散所有的孤独与寒冷，堪比灵丹妙药。但酒也有不利的一面，过量饮酒会导致失眠、伤神、损寿，而长期过量饮酒则容易引发一些疾病，因此白居易在《闲居》中发出了"肺病不饮酒，眼昏不读书"的感慨，可见过度饮酒对身体的损伤。

茶文化则已经与中国人的生活水乳交融。饮茶对健康养生具有十分积极的作用，正如宋代欧阳修在《茶歌》中歌颂的那样，"论功可以疗百疾，轻身久服胜胡麻"。现代营养学研究证实，茶叶不仅具有提神清心、清热解暑、消食化痰、解毒醒酒、生津止渴、降火明目等药理作用（图2），还对现代常见问题或疾病如心脑血管疾病等有一定的药理功效（黄海英 等，2010）。在涉及茶文化的唐诗宋词中，白居易咏茶诗数量最多，流传至今的有70余首，《茶山境会亭欢宴》一诗中"青娥递舞应争妙，紫

表1 词频统计结果表

活动类型	具体内容	词频统计（唐）	词频统计（宋）	词频统计（总）
养生饮食	饮酒	14243	14539	28782
	饮茶	996	479	1475
	医药	2369	937	3306
	蔬菜	1841	1064	2905
	水果	4488	6485	10973
	主食	1022	330	1352
	食荤	1721	397	2118
健康旅游	游船	6740	3664	10404
	登山	2904	871	3775
	垂钓	2171	1268	3439
休闲活动	赏歌舞	27215	17824	45039
	坐卧休息	1940	634	2574
	温泉热浴	413	228	641

图2 饮茶　　　　　　　　　　　　　　　　　　恒妤 / 摄

笋（茶名）齐尝各斗新"写绝了风云际会品茶斗胜的景象。在白氏咏茶诗中，茶与酒常常出现在同一篇中，如《自题新昌居止，因招杨郎中小饮》中有"看风小滟三升酒，寒食深炉一碗茶"。

中国的药文化有着数千年的悠久历史，底蕴十分丰富。在《全唐诗》和《全宋词》中，"药""医""芍药""当归"等与中医药密切相关的字词共计出现了3306次。李白在《留别广陵诸公》中有"炼丹费火石，采药穷山川"，道出了古人采药之艰辛，对中草药医养疗效之渴求。诗词中也出现了许多与中医药相关的具体药食名称，如白居易在《牡丹芳》中写道"石竹金钱何细碎，芙蓉芍药苦寻常"，短短一句诗中包含了"石竹""金钱""芙蓉""芍药"四味中草药，石竹清热利尿、破血通经、散瘀消肿，金钱子消食、行水、通便，芙蓉清肺凉血、散热解毒，芍药养血和营、缓急止痛、敛阴平肝，它们均为生活中常见的中草药，具有显著疗效。唐宋诗词中还有对中草药煎煮食用方法的具体描写，张伯端是北宋内丹学的集大成者，精通医卜药术，在他的《西江月（十二之一）》中写道"内药还同外药，内通外亦须通。丹头和合类相同。温养两般作用"。《摊破浣溪沙·病起萧萧两鬓华》中又写"病起萧萧两鬓华。卧看残月上窗纱。豆蔻连梢煎熟水，莫分茶"，词中对中医药食方法描写十分细致，可见在唐宋时期人们对中医药食已经有了较为成熟的方法体系。

素食有利于预防心血管疾病，帮助减少胆固醇、降低血压，蔬菜水果中都含有丰富的膳食纤维、维生素和矿物质，对预防和治疗便秘作用非常明显。200多项流行病学研究的结果证明，蔬菜和水果摄入量高的人群较摄入量低的人群癌症发病率大约低50%，摄入大量蔬菜水果可降低男性患脑卒中的风险（孙长颢，2008）。在唐诗宋词中有几类蔬果名出现的次数较多：藕，在两书中共出现295次，如杜甫在《陪郑广文游何将军山林十首》中写道"棘树寒云色，茵蔯春藕香。脆添生菜美，阴益食单凉"，道出了藕阴寒的属性，有清热凉血的作用，可以治疗一些热性的病症。葵，在两书中共出现222次，王维的《春过贺遂员外药园》中描写"蔗浆菰米饭，蒟酱露葵羹"，诗中皆为素食，其中的葵代指秋葵，性寒，具有壮阳补肾、清热利湿的作用。莼，即为莼菜，在两书中共出现166次，在储光羲的《相和歌辞·采菱曲》中有"饭稻以终日，羹莼将永年"，对莼菜的食用功效高度赞扬，莼菜虽没有诗人所言"将永年"之夸张功效，但可清热解毒、保护肝脏、益智健体，适当食用对身体健康有益。梅，共出现4515次，具有敛肺止咳、除烦静心的功效，苏轼的《浣溪沙（前韵）》中有"废圃寒蔬挑翠羽，小槽春酒冻真珠。清香细细嚼梅须"，不仅刻画了诗人饮春酒的生活习惯，还对诗人种植蔬菜、细品青梅的情形进行了细致描写。在《水调歌头》中，葛长庚写道"采杨梅，摘卢橘，钉朱樱"，一句词包含了杨梅、橘子、樱桃三种水果，杨梅健脾开胃，樱桃益脾养胃，橘子富含维生素，均含有较高的营养成分。向子諲的《浣溪沙》

中有"疏梅池畔斗清妍。蟠桃正熟藕如船"，同样包含了梅子、蟠桃、藕等多种蔬果，可见在古代素食观念较为普及。

肉和肉制品营养丰富，每日摄入一定肉制品对维持人体营养平衡有重要作用（李诗义 等，2015）。在唐宋诗词中关于荤类饮食的字词共出现了2118次，如吴潜《水调歌头》中的"新擘黄鸡肉嫩，新斫紫螯膏美，一醉自悠悠"，《望江南》中的"自养鸡豚烹腊里，新抽韭荠荐春前"；贺朝的《赠酒店胡姬》中的"玉盘初鲙鲤，金鼎正烹羊"；李白《将进酒》中的"烹羔宰牛且为乐，会须一饮三百怀"，以上诗中包含了陆生的鸡、猪、羊、牛，以及水生的鱼、蟹等多种品类的肉食（图3）。猪肉、牛肉、羊肉等均属红肉，肌肉纤维粗硬，脂肪含量较高，尤其是饱和脂肪酸含量高于白肉，其中，猪肉的脂肪含量最高，羊肉次之，牛肉最低。鸡肉、鱼肉等属于白肉，肌肉纤维细腻，脂肪含量较低，脂肪中不饱和脂肪酸含量较高，能降低心脑血管疾病的发病率，减少患癌症的风险。从营养学的角度来讲，红肉和白肉的蛋白质含量都比较丰富，一般为10%~20%，而且它们都是我们日常生活中优质蛋白质的来源（红森 等，2006）。

从唐宋诗词中也可看出古人对主食与菜品的搭配和对饮食营养均衡的注重，如阮盘溪《大江乘（郭县尹美任）》中的"瓯茗炉香，菜羹淡饭，此外无烦恼"，李珣《渔歌子·荻花秋》中的"水为乡，蓬作舍，鱼羹稻饭常餐也"，荤素均衡搭配

图3 烤肉　　　　　　　**图片来源：广州椿里提供**

主食，"瓯茗炉香""水为乡，蓬作舍"描绘出了古人悠闲惬意的生活，令人生羡。

4.2 唐诗宋词中的健康旅游

健康旅游是一种建立在自然生态环境、人文环境、文化环境基础上，结合观赏、休闲、避暑、康体、游乐等形式，将养生之道寓于休闲中，在休闲中遵从养生宗旨，对旅游者的身体和心理进行系统调控，以达到延年益寿、强身健体、修身养性、医疗康复等目的的休闲旅游项目（薛群慧 等，2014）。本文主要研究了唐宋时期常见的游船、登山和垂钓等健康旅游活动，其中，"船""舟""帆""棹"等与游船活动密切相关的字词在两书中共出现10404次，"登""俯视"等与登山活动相关的字词共出现3775次，"钓""垂竿"等与垂钓活动相关的字词共出现3439次。

唐宋时期不少诗句描绘了诗人游船山水间，颐养精神，纵情享受闲暇时光的景象。如唐代李世民《采芙蓉》中的"结伴戏方塘，携手上雕航。船移分细浪，风散动浮香"；李商隐《又效江南曲》中的"郎船安两桨，侬舸动双桡。扫黛开宫额，裁裙约楚腰"，赵嘏《忆山阳》中的"芰荷香绕垂鞭袖，杨柳风横弄笛船"，以及宋代欧阳修《采桑子》中的"画船载酒西湖好，急管繁弦。玉盏催传。稳泛平波任醉眠"，程准《水调歌头》中的"船系钓台下，身寄碧云端。胸中千古风月，笔下助波澜"，绝美诗句均描绘出古人乘船闲游时的惬意。

登山有益于延缓衰老，促进肌肉中蛋白质合成，使肌肉坚韧有力，提高睡眠质量，预防心脑血管疾病；而长期坚持登山可以促进血液循环，提高心肺功能，加强毛细血管功能，增强免疫力，有效缓解高血压、高血脂，同时还有利于开阔心境，放松身心，舒缓压力（徐斌，2012）。从许棠《登山》中的"信步上鸟道，不知身忽高。近空无世界，当楚见波涛"，杜牧《山行》中的"远上寒山石径斜，白云深处有人家"，吴潜《满江红》中的"岁岁登高，算难得、今年美景。尽敛却、雨霾风障，雾沈云暝"，皆可看出登山是唐宋时期人们喜爱的一项游憩活动（图4）。

垂钓可以培养耐心，戒除焦躁情绪，调节人体中枢神经系统，使人进入心平气和的状态，有利于身心健康。人们走进垂钓场地，也就投入了大自然的怀抱，垂钓者可以养性怡情，舒缓情绪。李白《行路难三首》中的"闲来垂钓碧溪上，忽复乘舟梦日边"尽显闲适，柳宗元《江雪》中的"千山鸟飞绝，万径人踪灭。孤舟蓑笠翁，独钓寒江雪"描绘出一番冬雪垂钓的独特景

图4 都江堰—青城山　　　　　　　　　　　　**何勃／摄**

象，孟浩然《万山潭作》中的"垂钓坐盘石，水清心亦闲。鱼行潭树下，猿挂岛藤间"刻画出垂钓时与大自然密切融合之景。宋代朱敦儒《好事近·摇首出红尘》中的"晚来风定钓丝闲，上下是新月。千里水天一色，看孤鸿明灭"，吴潜《水调歌头·皎月亦长有》中的"倩渔翁，撑舴艋，柳阴边。垂纶下饵，须臾钓得两三鲜。唤客烹鱼醽酒，伴我高吟长啸，烂醉即佳眠"，都将垂竿钓鱼这一活动的闲雅之趣描绘得淋漓尽致。

4.3 唐诗宋词中的休闲活动

与现代丰富多样的娱乐活动相比，古人的休闲活动类型颇为单一，本文主要选取并研究了唐诗宋词中的赏歌舞、坐卧休息和泡温泉等休闲活动。其中，赏歌舞出现的次数非常之多，"歌""舞""丝竹""琴""笛"等与歌舞活动密切相关的字词在两书中共出现 45039 次，与坐卧休息相关的"休息""坐看""寐"等字词在两书中共出现 2574 次，与泡温泉相关的"温泉""温汤""汤泉"等字词在两书中共出现 641 次。

在繁盛的唐宋时期，欣赏歌舞是人们生活中主要的休闲娱乐活动，在不同阶级中和多种场合下均可见歌舞繁盛之景。如张祜《正月十五夜灯》中的"千门开锁万灯明，正月中旬动帝京，三百内人连袖舞，一时天上著词声"描绘了元宵节民间歌舞的盛况，李世民《春日玄武门宴群臣》中的"娱宾歌湛露，广乐奏钧天。清尊浮绿醑，雅曲韵朱弦"描写了朝廷宴会时急管繁弦的盛大景象，宋朝柳永《玄清》

中的"命舞燕翩翩，歌珠贯串，向玳筵前，尽是神仙流品"刻画了与友人宴会时歌舞相伴的欢愉景象。歌舞不仅在聚会、节庆等欢聚场合出现，在分别时古人也常用歌舞来寄托送别时的不舍之情，如李白《鲁中送二从弟赴举之西京》中的"舞袖拂秋月，歌筵闻早鸿。送君日千里，良会何由同"，苏轼《水调歌头》中的"中年亲友难别，丝竹缓离愁"。

在唐宋诗词中，描写诗人坐卧休息的诗句也有很多。刘希夷《嵩岳闻笙》中的"月出嵩山东，月明山益空。山人爱清景，散发卧秋风"描绘了山人在静谧深山中闲卧享受秋风的情景，王维《终南别业》中的"行到水穷处，坐看云起时。偶然值林叟，谈笑无还期"，刘得仁《秋夜寄友人二首》中的"所思同海岱，所梦亦烟波。默坐看山久，闲行值寺过"，均记录了诗人闲行山水间，坐看山水秀丽的休闲惬意。宋代袁去华《水调歌头》中的"且就竹深荷静，坐看山高月小，剧饮与谁俱"，李弥逊《沁园春》中的"渐披襟临水，支床就月，莲香拂面，竹色侵衣"，均刻画出月夜之下词人在荷塘边坐卧赏月之景。

温泉热浴是唐宋时期人们重要的健康疗养方式之一，由于温泉特殊的理化性质及其对人体的影响，人们在很早以前就使用温泉治疗疾病，并把温泉作为水疗及养生的天然资源，它具有治疗疾病、康复治疗及改善亚健康等功效（郭世先，2005）。元结《石宫四咏》中的"石宫冬日暖，暖日宜温泉。晨光静水雾，逸者犹安眠"便阐述了冬天适

宜泡温泉的观点。温泉中的化学物质还有美容养颜的功效，白居易《长恨歌》中的"春寒赐浴华清池，温泉水滑洗凝脂"印证了温泉水有美容护肤的功效。从李白《入朝曲》中的"朝罢沐浴闲，遨游阆风亭。济济双阙下，欢娱乐恩荣"，张炎《华胥引·温泉浴罢》中的"温泉浴罢，醑酒才苏，洗妆犹湿"，均可看出唐宋时期人们对温泉热浴这项休闲养生活动的喜爱。

5 结论与讨论

本研究以《全唐诗》和《全宋词》为主要研究资料，采用文本分析法对唐诗宋词中的健康游憩活动进行深入研究。发现在唐诗宋词中出现了有关养生饮食、健康旅游和休闲活动的多种健康游憩方式。在饮食方面，古人多注重饮食均衡与药食疗养，茶文化、酒文化贯穿于生活之中；在健康旅游方面，古人采取乘船、登山和垂钓等方式走进大自然，欣赏山水之美，颐养心神；在休闲活动方面，古人多寄情歌舞，享受娱乐时光，在日常生活中采取坐卧休息、温泉热浴等方式疗养身体，修身养性。

唐诗宋词中古人丰富的健康游憩方式为我们提供了以下启示：第一，注重饮食均衡，融入中国传统饮食文化。中国传统文化中的"均衡"思想体现在古人饮食习惯中的方方面面，唐宋时期古人在素食、红白肉和主食上相对均衡协调，茶文化、酒文化与中医药文化也是中国传统饮食文化的重要组成部分，可借鉴古人的均衡饮食、茶药养生、

适度饮酒，养成健康的饮食习惯。第二，积极参与健康旅游，走近大自然。在唐宋诗词中可以看到非常多关于古人旅游活动的记载和描写，包括游船、登山和垂钓等健康旅游活动，这些活动均能够对促进身心健康起到一定的作用，贴近自然、放松身心的健康旅游同样也可成为高压状态下现代人的出游首选。第三，适当放松，选择合适的休闲方式。在唐宋时期娱乐休闲活动单一的情况下，赏歌舞、坐卧休息和泡温泉等休闲活动为人们所喜爱，有利于放松心情、释放压力、改善身体状况，这些健康休闲方式在今天也同样适用。

6 研究不足与未来研究方向

研究不可避免地存在局限性。第一个研究不足是唐诗宋词的字典仅由人工整理，虽有参考大量资料，但难免不够详尽，在未来的研究中可以使用机器学习等方法进行更为高效全面的整理，以便对诗词的内容进行更加深入的研究。第二个研究不足是本文仅将《全唐诗》和《全宋词》作为研究对象，研究的历史时间范围仅局限于唐宋时期，之后可考虑对其他历史朝代进行研究，对古人的健康游憩活动进行更长时间跨度的对比分析与变化分析。

参考文献：

保继刚，1999. 旅游地理学［M］.北京：高等教育出版社.

陈洁，吴晋峰，2010. 国内游憩行为研究综述［J］.商场现代化（13）：97-99.

崔文颖，2014. 天辰楼杜甫诗词文化主题酒店室内设计研究［D］.成都：西南交通大学.

顾正阳，康添俊，2010.古诗词英译中的旅游文化［J］.重庆工商大学学报（社会科学版），27（5）：126-131.

郭世先，葛本伟，陈辉，2005. 温泉与健康［J］.国外医学（医学地理分册），26（2）：90-93.

黄海英，黄秀鑫，朱荣辉，等，2010. 茶叶保健与四季养生［J］.广东农业科学，37（6）：166-168.

红森，张京生，2006. 日餐五色［M］.天津：天津科技翻译出版公司.

贾敏，2016. 普陀山诗词在普陀山旅游文化中的推广与应用研究［D］.舟山：浙江海洋大学.

陆平，张国芬，2017. 论红山文化在赤峰市旅游业中的地位及发展策略［J］.赤峰学院学报（汉文哲学社会科学版），32（9）：8-10.

李杨，佟松林，2009. 浅谈古诗词在旅游业的运用［J］.中国商贸（19）：137-138.

李诗义，诸晓旭，陈从贵，等，2015. 肉和肉制品的营养价值及致癌风险研究进展［J］.肉类研究，29（12）：41-47.

世界卫生组织，2005.世界卫生组织法基本文件第四十五版［EB/OL].http://www.doc88.com/p-144577006638.html.

史密斯，吴必虎，1992. 游憩地理学：理论与方法［M].北京：高等教育出版社.

孙长颢，2008. 食品营养与卫生学［M］.北京：人民卫生出版社.

薛群慧，卢继东，杨书侠，2014. 健康旅游概论［M］. 北京：科学出版社.

徐斌，2012. 登山与人体健康［J］.科技风（21）：195-204.

周常春，董武亮，2004. 近十年国内休闲与游憩研究综述［J］.桂林旅游高等专科学校学报（5）：5-10.

周睿，2011. 绘制重庆自己的古诗词地图：浅谈巴渝旅游资源中的古典文学作品整理之意义［J］.重庆师范大学学报（哲学社会科学版）（6）：99-102.

张捷，2011. 历史文化旅游资源数量敏感度调整评价模型研究：以江苏吴江水乡古镇古诗词文化为例［J］.苏州科技学院学报（自然科学版），28（4）：1-7.

张捷，程章灿，刘泽华，2007. 作为地方文脉的古典诗词的旅游规划模式：以江苏省吴江市江南水乡古诗词文化旅游产品规划为例［J］.浙江师范大学学报（社会科学版）（5）：1-6.

周华，黄永光，2001. 饮酒与健康［J］.酿酒科技（2）：79-81.

西班牙著名旅游城市塞维利亚街景风光

国际视野与比较研究

International Perspective and Comparative Studies

张　嗣　张凌云　西班牙与中国康养旅游标准比较研究

刘嘉婷　漆香池　杨丽宇　朱梦瑶　养老服务质量提升对策研究：日本经验的启示

西班牙与中国康养旅游标准比较研究

A Comparative Study of the Quality Criteria of Wellness Tourism Standard in China and Spain

文 / 张 嗣　张凌云

【摘　要】

在《标准联通共建"一带一路"行动计划（2018—2020年）》部署的九大重点任务中，健康服务领域标准化合作是增进民心相通的关键，康养旅游标准是其中的重要一项内容。本文将对西班牙标准化和认证协会制定的《康养旅游质量标准》NICTE-01/NOV-14与我国于2016年推行的行业标准《国家康养旅游示范基地》LB/T 051—2016进行比较研究，以助力推动我国康养服务类标准上升为国家标准，进而增强中国康养服务类标准的国际影响力。

【关键词】

康养旅游；西班牙标准；中国标准；比较研究

【作者简介】

张　　嗣　浙江旅游职业学院助教

张凌云　通讯作者，中国旅游研究院学术委员及旅游学术评价研究基地首席研究员，北京联
　　　　合大学特聘教授，《旅游学刊》执行主编

图1 西班牙托莱多古城

图片来源：摄图网

康养旅游是依托良好的生态环境和养生、医疗设备，以休闲养生、康体度假、生态疗养、修身养性、养老保健等为目的，最终获得身心健康与精神愉悦的各种旅游活动的总和（谢文彩 等，2018）。作为专项度假旅游的一种，康养旅游行业以其独特的服务品类在全球发达地区已经日趋成熟。西班牙在传统意义上一直被认为是欧洲的后花园，面向国际旅游市场的西班牙，凭借良好的医疗卫生条件和专业服务，以及其独具特色的文化魅力和宜人的气候环境（图1），已成为具有巨大增长潜力的康养旅游目的地。养生是中国自古以来所追求的生活方式(冯艳滨，2017)，对于当代的中国人而言，无论是基于对养生文化的传承与发扬，还是基于对养生旅游的追捧与青睐，发展康养旅游已成为我国旅游业不可忽视的潮流趋势（谢晓红 等，2018）。全球康体研究机构表明，截至2017年底，中国康养旅游游客增量居全球第一，因此中国在康养旅游服务与标准方面，要加快国际化步伐，积极贡献中国智慧。

1 标准产生背景

到访西班牙的外国游客的主要或次要出游动机是接受专业康养人员提供的治疗或其他康养服务，这就意味着在市场上需要相应标准作为保障，来强化西班牙在世界康养旅游行业中的地位。全国卫生协会、西班牙饭店和旅游住宿联合会、企业联合会、西班牙旅游局联合会以及全国私人诊所联合会组成了西班牙康养旅游组织，该机构已经向西班牙旅游质量研究所起草自愿遵守相关文件的规定，以获得旅游部门的质量标志——"Q"。西班牙标准化和认证协会制定的《康养旅游质量标准》NICTE-01/NOV-14（下文简称"标准 I"）为康养旅游行业的发展打下了坚实的制度基础。

当前中国康养旅游业态处在探索发展阶段。2012 年，攀枝花在全国率先提出发展"康养旅游"，可视为我国康养旅游的开端（赖启航，2016）。2014 年 12 月 7 日，在首届中国康养产业发展论坛上达成共识：攀枝花市和秦皇岛市将争创"一南一北"两个国家级康养专业发展试验区（何彪 等，2018）。"十三五"以来，国家把养老、疗养、健康产业的发展提上议程，于是国家旅游局在 2016 年推行了《国家康养旅游示范基地》LB/T 051—2016（下文简称"标准 II"），用于规范和引导康养旅游新业态发展。

2 结构设计比较分析

标准 I 和标准 II 整体结构有较大差别。标准 I 主要侧重于过程管理，更加细致实用；标准 II 是以结果管理为导向的，学术性较强。

标准 I 主要包括三大板块——管理流程、提供服务、设备清洗维护，主要围绕顾客需求来进行层级结构设计；标准 II 主要介绍必备条件和基本要求、康养旅游核心区基本要求、康养旅游依托区基本要求，主要围绕康养旅游基地相关条件和要求进行设计。

标准 I 以市场为导向，由第三方独立机构制定，对服务和设备流

程管理有相应的规范；标准 II 是政府自上而下推行的，对于康养旅游这种新业态来说，当时出台标准 II 是为便于宏观协调和资源管理，以及引领其发展方向。具体区别见表 1。

3 共同内容比较分析

标准 I 和标准 II 都对康养中心提供的与疗养相关的旅游服务做出了规范性要求，两个标准都规定了以下四项内容——旅游服务管理、安

表1 标准 I 与标准 II 结构设计对比

《康养旅游质量标准》NICTE-01/NOV-14	《国家康养旅游示范基地》LB/T 051—2016
0 引言	0 前言 / 引言
1 范围	1 范围
2 符合本标准的机构	2 规范性引用文件
2.1 基地	
2.2 私立医院	
3 管理流程	3 术语和定义
3.1 了解和遵守相应立法和管理制度	3.1 康养旅游
3.2 管理流程	3.2 康养旅游核心区
3.3 组织（结构或组织图）	3.3 康养旅游依托区
3.4 环保实践计划	
3.5 可进入性	
3.6 营销流程	
3.7 外部公司提供的管理服务	
3.8 安全管理	
4 提供服务	4 必备条件
4.1 接待	4.1 条件一
4.2 接待区	4.2 条件二
4.3 预定要求	4.3 条件三
4.4 入住和退宿	
4.5 住宿服务	
4.6 餐厅服务	
5 设施设备的清洁和维护	5 基本要求
5.1 清洁	5.1 环境
5.2 维护	5.2 旅游经济水平
5.3 外部设备的维护	5.3 无障碍设施
5.4 其他设备	5.4 产业联动与融合
	5.5 旅游服务管理
	6 康养旅游核心区基本要求
	6.1 资源与环境
	6.2 产品和服务
	6.3 服务质量
	7 康养旅游依托区基本要求
附录 A（资料性）标准案例程序	7.1 旅游接待设施与服务
附录 B（资料性）康养中心最低服务要求	7.2 公共服务

全管理、住宿和餐饮服务、信息咨询服务,但在具体细节上存在不同。

3.1 旅游服务管理

旅游服务是旅游经济行为的产出,具有无形性特征。旅游作为服务型产业,服务质量是其核心(马耀峰等,2009;Jafar,1996),因此,对比分析标准Ⅰ和标准Ⅱ在服务管理方面的差异是本文的精华所在。标准Ⅰ始终贯穿着服务管理的思想,并且用专门一节对流程管理进行标准化,包括旅游服务管理质量体系、人力组织结构体系、管理与营销流程和安全管理流程等内容。标准Ⅱ对服务管理虽有提及,但主要是关于规划、政策、人员培训、投诉、科学研究方面的介绍,对于流程管理的规范不足,不便于实际应用。

由此可见,标准Ⅰ在服务管理的流程上设置得比较详细周密,从管理到营销以及外包公司都有严格的规范。标准Ⅱ在服务管理方面,主要是罗列了几条大方向的标准,没有制定营销流程、组织结构等方面的具体标准。

3.2 安全管理

安全管理是康养旅游业态持续稳健发展的基石。标准Ⅰ设定了食品安全、健康保障、人身和物品安全的相应规范。值得注意的是,标准Ⅰ对员工的安全进行了说明,细节中体现了对员工的人文关怀。标准Ⅱ没有对安全管理进行必要的标准分类说明,主要包括突发事件的应急处理预案、健康救援安全服务、志愿服务机构、建立旅游安全预警机制。

标准Ⅰ对安全管理进行了分类,在食品安全测量方面设置了APPCC系统,致力于保障员工和客户的食品安全;在健康卫生保障方面,在灭鼠、消毒、水中细菌的控制方面有相应的标准;对员工和客户的人身和物品安全,从外部和内部安全两方面进行了细致规定。标准Ⅱ主要从突发事件和安全预警方面做出了相应的说明。

3.3 接待设施和服务

标准Ⅰ和标准Ⅱ都对从住宿和餐饮等与接待有关的事项进行了规范。标准Ⅰ侧重于从服务游客的整体角度制定标准,主要包括接待区和接待服务、预定要求、入住和退宿、住宿服务、餐厅服务(图2)。标准Ⅱ偏向于从必备的硬性指标角度进行规范,主要包括住宿设施和服务、餐饮设施

和服务、购物设施和服务、旅游交通服务、公共休闲服务、旅游导向标志服务、旅游便民惠民服务、教育宣传、厕所和环境卫生。此外,标准Ⅱ单独罗列了公共休闲服务和便民惠民服务,这是提高我国人民休闲生活品质的一种重要方式。

3.4 信息咨询服务

信息咨询服务是现代服务的重要内容。从表2可知,标准Ⅰ主要从单一的电话服务层面进行规定,主要包括应答呼叫程序、电话礼貌、记录、信息管理和客户信息保密,没有提及智慧化设备以及相应的服务规范,信息化和智能化较弱。标准Ⅱ在现场咨询、电话咨询、网络咨询方面规范了相应设施的配备以及服务标准,这是信息化时代必备的咨询服务要素。

图2 西班牙度假酒店的泳池　　　　　　　　　　　　　　　　　　　**图片来源:摄图网**

表2 信息咨询服务明细对比

标准名称	标准 I	标准 II
条例对比	应答呼叫程序	形成不同渠道的信息咨询服务平台
	电话协助时间表和实际服务时间一致	应提供康养旅游产品和服务的推荐信息和安全风险信息
	电话服务礼貌标准和相应语种供应	咨询服务中心
	信息管理和保密系统	智慧服务系统

4 特色内容分析比较

从逻辑结构和整体架构层面对两项标准进行梳理，发现两项标准都有特别之处。标准 I 有独具特色的四项内容，包括管理流程、营销流程、外部公司提供的管理服务、设备清洁和维护，并且最后用附录 A 专门规范服务程序。标准 II 特有的内容主要有产业联动与融合、公共服务、资源与环境。虽然特色内容比较充分，但相关条例较宽泛，精确度不足，因此标准 I 的逻辑和框架值得我国相关工作者研究和借鉴。

4.1 标准 I 特色内容分析
4.1.1 管理流程

现代管理理论认为，为企业创造价值的不是产品而是流程（李美燕 等，2003），因此管理流程规范是康养旅游标准中的重要内容。标准 I 管理流程主要围绕内部审计、客户满意度、系统审查。这是标准动态化、保持时效性的一个更新机制，既保证了所提供服务的水平，又提高了标准的使用时长。

4.1.2 营销流程

标准 I 较深入地从责任、活动推广、营销材料的真实性、通信工具、主客互动性等方面对营销流程做了相应规定（图3）。值得注意的是，康养中心负责管理与营销相关的活动，并提高信息的可靠性和有效性。

4.1.3 外部公司提供的管理服务

服务外包正成为数字经济时代全球经济增长的重要动力（涂舒，2019）。在康养旅游业态中，外包服务质量与康养中心服务品牌息息相关。标准 I 对外包服务管理给予了较大关注，包括外包服务类别、明确权责、控制服务程序、统一着装、定期监督和反馈。标准 I 无论在员工服务层面还是定期监督层面都做出了相应的规定，有利于形成完备的行业生态。

4.1.4 设备清洁和维护

在国际层面上，康养旅游中心设备的清洁和维护是其健康保障的第一要素，同时这也是区别于普通旅游业态的核心吸引力所在，因此在国际上，康养旅游业界对制定康养中心设备清洁和维护方面的标准特别重视。标准 I 在清洁和维护两大方面进行了标准化处理，主要从

责任与要求这两大板块进行阐述。在责任方面，涵盖了保证清洁服务高质量和连续性的相关责任，并且从服务监督和客户满意度方面制定了相应的质量指标。在要求板块，清洁要求主要包括衣物准备、衣物清洗、衣物管理、衣物设施状况、外包公司和供应商管理；维护要求主要涉及操作控制系统的维护计划、定期检查、客户投诉建议、信息月度分析和重大损害事故处理等内容。

4.2 标准 II 特色内容分析
4.2.1 产业联动与融合

标准 II 规定应形成康养旅游业态与观光、度假、体育旅游等旅游业态的产业联动。在健康保障方面，主要是与当地的医疗业、养老产业等融合发展。在周边产业生态方面，标准中提到"应有一定数量的中小型康养服务零售店和培育出当地特色的养生用品和保健品"，这迎合了未来康养旅游业在中国的发展趋势，具有一定的前瞻性。

4.2.2 资源与环境

从空气质量指数（air quality index，简称 AQI）年达标天数、地表水环境质量、声环境质量、土壤环境、末端垃圾填埋或焚烧处理设施、自然和人文资源方面连通相应的国家标准，进行达标监测，以便于在全国推广该标准并维护其权威性。

4.2.3 公共服务

高质量的公共服务是康养旅游发展的核心要素，它有助于提高国民的幸福感和满足感。公共服务当中最有特色的五项内容包括旅游交通服务、公共休闲服务、便民惠民服务、教育宣传、厕所与环境卫生。

图3 西班牙塞维利亚广场　　　　　　　　　　**图片来源：摄图网**

高质量发展，康养旅游业日趋成熟，标准制定者可适时与独立的标准制定第三方合作。第五，服务流程管理是康养旅游标准的主要内容，未来制定相应标准时应加入此项内容，并做出具有前瞻性的设定。第六，人性化是现代服务业的魅力所在，康养旅游相关标准的制定既要以服务管理者为前提，也需兼顾游客的实际需求。

值得注意的是，标准规定，"公共休闲服务宜拥有文化类或体育类公共娱乐场所，并免费向游客及公众开放"。便民惠民服务条例中规定，"针对特殊人群的优惠政策，应免费开放一部分旅游资源和休憩环境"。对于我国这样的人口大国来说，公众教育宣传是提高国民素质的重要手段，标准Ⅱ在康养旅游形象宣传、科普服务、健康教育服务设施等方面做了规定。

5 结论和建议

中国康养旅游中心标准与西班牙康养旅游中心标准存在较大差异，其根本原因在于两国编制标准的主体和动机不同。西班牙为繁荣康养行业市场和保障康养服务质量，以市场需求为导向，由第三方独立机构制定标准；中国则主要是政府部门为加强对康养旅游行业的监管和维护市场秩序而制定了康养类标准。

相较于西班牙的标准而言，中国康养旅游标准的不完善之处主要体现为管理流程、营销流程、服务规范化、设备管理不完善，以及标准的灵活性、持续性、实用性不足。解决以上问题是康养业态对制度的迫切诉求，也是康养旅游市场急需的顶层设计，因此在高质量发展背景下，中国康养旅游标准编制工作应提上日程。本文旨在助力康养旅游类标准提升至国家标准，拓宽中国相应标准的全球视野，进而掌握康养类标准的国际话语权。

具体建议如下：第一，重新定位中国康养旅游示范基地的作用和目的，根据市场需求和上级管理部门的管理诉求，制定符合中国当前实际情况的高质量标准。第二，在标准的框架和逻辑设置上，更注重实用性，因此在标准制定过程中应把康养资深从业人员纳入标准制定小组。第三，中国康养类标准的制定应具有国际视野，站在全球高度，立足长远，从术语定义、服务、管理、要求等方面积极为世界贡献中国方案。第四，康养标准可以适当吸纳市场的力量，随着中国旅游业的

参考文献

冯艳滨，2017. 养生、中国文化与森林旅游的融合路径 [J]. 旅游研究，9（6）：14–16.

何彪，谢灯明，蔡江莹，2018. 新业态视角下海南省康养旅游产业发展研究 [J]. 南海学刊，4（3）：82–89.

李美燕，季建华，高勇，2003. 全面流程管理：一种超越TQM和BPR的管理方法 [J]. 经济管理（18）：31–35.

赖启航，2016. 攀枝花康养旅游产业集群发展初探 [J]. 攀枝花学院学报，33（6）：6–9.

马耀峰，王冠孝，张佑印，等，2009. 古都国内游客旅游服务质量感知评价研究：以西安市为例 [J]. 干旱区资源与环境，23（6）：176–180.

涂舒，2019. 2019年中国服务外包"逆风"前行 [N]. 国际商报，02–28（003）.

谢文彩，李星明，向兴，等，2018.武汉市康养旅游地空间布局及其优化研究 [J]. 华中师范大学学报（自然科学版），52（1）：147–154.

谢晓红，郭倩，吴玉鸣，2018. 我国区域性特色小镇康养旅游模式探究 [J]. 生态经济，34（9）：150–154.

JAFAR J, 1996. Human resources development and quality tourism: a multi-conference report [J]. Annals of tourism research, 23 (1) : 228–231.

养老服务质量提升对策研究：日本经验的启示

Improving Care Quality of Older Adults: Lessons from Japan

文 / 刘嘉婷　漆香池　杨丽宇　朱梦瑶

【摘　要】

随着我国人口老龄化这一社会矛盾加剧，老年人的生活质量和幸福感获得引起社会的广泛关注，养老服务体系亟待完善。本文主要基于我国养老保障体系不健全、家庭养老功能弱化、养老模式单一、从业人才队伍紧缺等现实国情，吸取日本先进的养老产业发展经验，从完善养老保险体系、打造社区养老网络、创新差异化养老模式、实现养老智能化、推进人才队伍建设、树立全民养老观念六个方面提出对策建议，为实现我国"老有所养"的目标提供参考，进一步推动创建中国特色养老服务体系。

【关键词】

人口老龄化；养老服务体系；日本经验；中国养老服务

【作者简介】

刘嘉婷　北京第二外国语学院旅游科学学院硕士研究生

漆香池　北京第二外国语学院旅游科学学院硕士研究生

杨丽宇　北京第二外国语学院旅游科学学院硕士研究生

朱梦瑶　北京第二外国语学院旅游科学学院硕士研究生

1 引言

我国老龄化人口占比逐年增长，人口结构也随之发生变化，老年人的晚年生活受到社会的广泛关注。《中华人民共和国2019年国民经济和社会发展统计公报》显示，我国出生人口降至1645万，处于人口的快速下滑期；同时，60岁以上的人口占18.1%，65周岁以上的老龄人口占12.6%，我国已经成为老龄化最严重的国家之一（图1）。人口老龄化更凸显了一系列社会问题，如养老保障体系不健全、养老服务供需失衡、养老产业投入不足、养老模式单一、从业人员队伍紧缺且专业化程度不高等，因此，老龄化问题成为社会关注的焦点，如何完善我国养老服务体系以提高养老质量也已上升为国家战略。同属于亚洲国家的日本与我国有着相似的老龄化进程历史，养老文化与观念趋同，且日本已成为世界上养老服务体系最成熟的国家之一，因此，本文通过借鉴日本养老服务经验，得出对完善我国养老服务体系的启示，这对我国养老产业的发展具有现实意义。

2 日本养老服务业发展背景

2.1 人口老龄化促使国家关注养老问题

日本是较早关注人口老龄化的发达国家，且其人口老龄化的增速居于发达国家之首。根据联合国的标准，当一个国家65岁以上的人口占总人口的7%时，该国家进入老龄化社会。日本早在1970年就已经步入老龄化社会，是亚洲最早进入老龄化社会的国家，2007年升级为超老龄化社会。随着经济的不断发展，日本的老龄化速度不断加快。根据日本厚生劳动省发布的数据，截至2020年9月，日本65岁以上的老龄人口首次超过3610万，占全国总人口的28.7%，这是日本历史最高纪录，居全球榜首。因此，日趋严重的老龄化问题得到了日本各界的广泛关注。

2.2 社会问题加剧促进养老服务体系改革

20世纪60年代起，日本老龄化问题导致社会矛盾产生。老年人

图1 在公园锻炼的老年人

图片来源：摄图网

护理需求的增加与家庭内部护理人员的缺乏形成对比，老龄人口的增长与社会护理设施的不足形成对比。此外，老龄人口的就医问题也成为社会关注的重点，医院设施的缺乏与医疗费用的剧增成为突出的问题。由此，各类社会问题的加剧促使日本政府不断推进更新养老改革措施，推出一系列提高养老服务质量的福利政策，使老年人的医疗、养老、护理等服务形成相对独立的体系。首先，日本政府颁布并更新了各类法律法规，如 1963 年颁布的《老人福利法》、2000 年颁布的《介护保险法》等，为养老营造了良好的社会基础，把养老提到国家层面，强调养老是整个社会的责任。与此同时，在长期的养老模式探索过程中行成了一套较为完备的社会养老保障机制，包括养老金制度、介护保险制度、医疗保险制度等。其次，政府加大对养老服务的投入，出资建设养老机构并对社会各类设施进行适老化完善，体现社会的多元化以及对老年人开放包容的态度。最终，日本立足本国国情，形成了层次分明、社会分工明确的养老服务体系，形成了居家养老与社会养老并行的多元化养老模式。

3 日本养老服务的先进经验

3.1 完善以长期照护保险为特色的养老保险体系

通过多年养老社会服务的实践，日本形成了较为完备的养老保障体系，具有层次分明、人群覆盖率高等特点。日本养老保险体系分为三层。第一层为国民年金，是基础的养老保险，政府强制 20 岁以上 60 岁以下的国民参与，覆盖全体国民。第二层为企业年金，按照职业的不同分为厚生年金和共济年金，是对第一层保险的补充，与个人收入挂钩，由政府统一运营。第三层为非公共养老保险，国民可以自由选择加入，主要由私人经营者管理。三层养老保险层层递进，建立了多支柱的养老金支付体系，为日本老龄人口的晚年生活提供了相当完善的保障。

其中，日本第三支柱养老保险，即个人储蓄性养老保险和商业养老保险的发展领先于世界，建立了十分完善的资产管理体系。基于不同的设计理念和制度，日本第三支柱养老金资产运营模式包括个人型定额供款养老金计划和个人储蓄账户计划，分别由日本厚生劳动省和金融厅发起建立，满足了不同收入群体对养老储蓄多层次的需求，也在一定程度上缓解了第一、二支柱，即国民年金和企业年金的运行压力。此外，日本第三支柱养老保险有着严格的监管制度，监管范围涵盖资金的整个运行过程，并有相关法律法规为规范化运作提供保障，如日本政府颁布的《厚生养老保险法》等，在信息保护方面颁布的《个人信息保护法》《定额供款养老金法》等。此外，日本拥有完善的医疗保险体系，是世界上为数不多的全民医保的国家之一。日本医疗保险执行强制的公立保险制度，一般国民和特殊人员皆有对应的保险，且其针对 75 岁以上的老年人推出长寿医疗保险，达到"医养结合"的目的。

与此同时，随着人口老龄化程度加深，日本在 2000 年正式实行长期护理保险制度，补充和完善了原有的养老保险支柱体系，真正实现了"医、养、护"有机结合。首先，老龄化程度的逐渐加深导致社会中需要护理的高龄、失能老人的数量增加，对护理的需求加大，失能老人占了大量的公共医疗资源。其次，日本家庭养老功能的弱化使得家庭对高龄老年人的照护能力减弱。因此，建立长期护理保险制度不仅推动了从供给侧端完善养老服务体系，也有利于减轻使用者个人与家庭的负担，且降低了医疗保险费用。

日本的长期护理保险制度作为一种公共服务，是典型的社会强制险，要求全民参与，形成了以地方为主体、社区为依托、资金全覆盖的差异化护理体系。日本的市町村是保险费用的收支主体，地方政府指定养老机构作为支付对象，并对服务机构的准入资格与保险使用者的资格开展评估等监管活动。社区作为家庭与养老机构的连接平台，形成了 30 分钟以内的服务供给圈，为高龄和失能老人提供高效的递送服务。与此同时，日本政府采用现收现付的筹资模式，税收补贴和社会保险相结合，实现养老服务资金的全覆盖，并注重对低收入人群的保护，对特定的人员给予补贴。日本护理保险的给付方式以为保险人提供护理服务（图 2）为主，需要服务者认定，分为需要照护者、需要支援者和不符合照护对象者三类。日本的护理保险制度也在实践中不断得到更新改革，在此间也颁布了如《护理保险法》《护理保险法修订法案》等。

图2 护士陪护老年人　　　　　　　　　　　图片来源：摄图网

3.2 建立以社区为主的地域综合照护网络

在多年的实践中，基于日本少子老龄化、家庭照护功能弱化以及雇佣非正式化等现实情况，日本逐步建立了居家养老与社区养老相结合的养老方式，并建立了地域综合照护网络，旨在满足老年人群追求安全且自由的老年生活的愿望，不仅为老龄人口提供身体医疗保健服务，而且重视提供精神文化保健服务。日本人居家养老的传统促进了以社区为导向的地域综合照护网络的发展，作为日本社会养老服务的特色，其发展确保了社区内老年人能居家就近获取照护服务。

日本地域综合照护网络由厚生劳动省负责推动，由市町村政府负责本地网络建设，不仅强调打造以社区为主要依托的养老服务利用圈和老年人日常社会圈共同体，而且

重视老年人生活的整体性与丰富度，并强调对多层次照护对象进行连续性看护。该网络设立的日常生活圈以地理距离为划分标准，以中学学区为单位划分，保证服务对象在30分钟内可以得到所需的居住、生活支援、看护、医疗、预防等服务。与此同时，地方政府积极推动地域综合照护网络形成，从前期挖掘社会资源到提出课题，再到地方工作人员进行政策讨论，直至开展后期的实践，在这个过程中，政府不断推动形成完整的网络链条。

与此同时，日本照护网络以构建老年自立型养老体系为愿景，力求使老龄人群晚年的文化生活丰富多彩。在照护网络建设和发展的过程中，相应的文化机构积极参与，提供老年公共文化设施，如图书馆通过与照护网络内各组织共同活动，参与老年人照护服务，实现内外部

资源的协作（图3）。日本图书馆也为地域内老年人提供生活、居住、护理、医疗和预防等支援。其中，生活支援主要包括为老年人提供日常生活所必需的信息资料，通过专项活动帮助老年人提高生活和娱乐质量，举办文化休闲活动丰富老年人的生活，并为行动不便的人群提供配送、护理、家政等服务。此外，考虑到失能或失智老人往返图书馆存在障碍，图书馆为老年人提供上门服务与馆内临时居住空间。为老年人提供文化性活动的同时，针对失能和失智老人提供医疗和预防支援，馆内提供相关病症的文献资料和信息服务，对疾病及其预防进行科普。如打造老年失智友好型图书馆，图书馆通过发布《失智症友好型图书馆服务指南》、举办讲座科普知识、设失智咖啡馆、实施回忆和阅读疗法等干预治疗方式，为失智老年人提供全面的养老服务。日本图书馆参与地域照护不仅整合了地区内图书馆的服务合作网络，而且完善了日本老年公共文化服务体系，有效提升了老年人群的晚年生活质量。

3.3 满足多样化养老需求的创新养老模式

随着老龄化增速加快，为缓解国内人口老龄化压力，基于社会留守老人、独居老人、空巢老人数量增多与社会养老保险支付压力加大的现实国情，日本在不断完善社会保障体系和地域照护网络的同时，积极探索满足老年人不同养老需求的多元化创新养老模式，达到提升养老质量和有效整合社会资源的双

图3 敞亮的图书馆　　**图片来源：摄图网**

重目的。日本在探索多元化养老模式的实践中，逐渐发展了"时间银行"等养老互助模式、"养老+佛教"的修行式养老模式，以及"以老养老""远程看护""日托养老"等模式，以适应不同老年人的实际需求。

"时间银行"养老模式最早在美国产生，指志愿者将参与公益服务的时间存进银行，在自己需要被帮助时则从中支取"被服务的时间"，最初设计的目的是使老年人互相帮助从而提高养老质量，随着养老模式不断发展，参与群体也从老年人扩大到年轻人。"时间银行"作为一种新型养老模式，在1973年石油危机的背景下开始发展，在日本发展较早并得到了较好的应用，一定

程度上弥补了日本养老护理人手缺乏的问题。日本"时间银行"养老模式主要包括自愿义工网络和积极生活俱乐部，为年轻人帮助老年人、老年人之间互助搭建有效平台；项目采用积分制，组织机构完备，配有专业的协调人员，目前已建立了相对成熟的运行机制。

此外，日本在探索多元化养老服务的道路上，结合本国国情和文化特色，创新独具特色的养老模式，佛教机构参与养老服务便是典型代表。日本佛教的社会化和习俗化使佛教机构参与社会养老具备天然优势，且佛教的关怀精神与慈善思想也与养老有深厚的渊源。在日本，佛教参与养老事业具有悠久的历史，政府大力支持，得到了广泛的实践

并为国民所接受。佛教与养老结合旨在通过深度关怀与精神慰籍为老年人营造安心的养老氛围。目前日本佛教养老机构主要分为建在佛教寺院内的传统型机构和建在一般环境中的现代型机构。

与此同时，日本面对人口持续减少、家庭养老功能弱化、少子高龄等社会现象，提出"远程看护""以老养老""日托养老"等创新养老模式，以满足老年人不同的服务需求。其中，"远程看护"的服务对象主要是子女在外地的老人，由当地的专业护理人士完成照顾老人的工作，减少在大城市上班子女的后顾之忧。如日本NKC公司主要从事该项服务工作，其公司招聘潜在的具有看护资格却未从事过专业照

图4 日本智能轮椅   图片来源：WHILL品牌提供

护工作的人员为老人提供服务，公司员工分为不同级别，工作难度与复杂程度不等。此外，由于日本老人预期寿命不断增加，国内的专业看护人员缺口较大，据日本厚生劳动省估算，到2020年，日本看护人员的缺口为26万，预计到2025年，数字将增至55万。因此，"以老养老"的养老模式应运而生，并逐渐成为社会常态。少子化的社会矛盾使社会劳动力持续减少，便促使日本更多的退休老年人寻求"二次就业"的机会。调查显示，日本2019年65岁以上老年劳动者人数为893万，保持16年的连续增长。养老机构也开始雇用年龄相对较低的老年人作为看护人员，为高龄老年人提供看护服务，"以老养老"的模式不仅有效缓解了日本国内看护人员缺乏的情况，也因为看护人员与被

看护人员之间年龄差距小且生活习惯相似而深受部分老人的喜爱。此外，"日托养老"模式在日本也十分流行，满足了养老的多样化需求，白天老人可以在机构获得专业化的看护服务，晚上可以参与家庭生活，同时机构也提供短期居住服务。

3.4 发展以科技为支撑的特色养老产业

日本科技水平居于世界前列，实力强劲的科技研发能力也为国家的养老服务完善提供了创新的思路，日本对新型社会形态的探索走在世界前沿，同时积极探索智慧养老的发展方向。2016年，安倍政府提出"社会5.0"概念，认为人类社会将发展成一种新型智能社会，并由超智能化系统构成。他进一步指出"社会5.0"是日本社会解决老龄化问题的

终极方案，同时，日本政府相继出台各类政策措施积极探索国内物联网、大数据、人工智能、机器人等技术，从而开启了智能化养老时代。

日本智能服务主要基于数字化技术为老年人提供智能化的生活支援工具和护理工具。政府鼓励研发家庭智能养老类产品，鼓励如洗头、喂饭机器人等家庭生活支援类机器人发展，还大力支持智能移动辅助产品如智能轮椅（图4）、拐杖等工具的应用，不仅便利了老年人的日常生活，而且还提供了娱乐与消遣，有效地提高了老年人的生活质量。此外，前文提到的"远程看护"养老模式也是基于智慧养老服务平台开发的功能，家属在后台随时远程监测老年人的各项身体指标，了解老年人的近况。日本还将护理服务网络引入网络平台，对接用户端、护理人员端、医院端、护理机构端和运营管理端，为老人与家人、护理人员、管理人员、财务人员提供有效沟通的平台，并实时更新服务数据。

同时，日本部分养老院还通过智能化与适老化改造为老年人提供更为人性化和精细化的服务。如机构内部形成区域网络，及时响应老年人的紧急情况。房间内安装传感器，可以随时查看老年人的生活状态，如通过床单夹层中的传感器探知老人是否大小便，通过厕所顶部的传感器记录老人的如厕时间，通过床头传感器探知老人夜晚是否不慎掉下床等。此外，机构为老年人提供远程医疗终端服务，老人只需要触动液晶显示器即可进行简单的健康测试，并对接专业医护人员。

4 日本经验对我国提升养老服务质量的启示

日本养老服务体系的建立和发展为我国进一步提升养老服务质量提供了经验借鉴,结合我国存在的实际养老问题,本文提出完善我国养老服务体系的建议与思路,如推动建设完善的养老保险体系、打造区域养老网络、开发差异化的养老模式,且应当紧跟智能化养老的趋势,进一步推动专业化的养老服务供给。此外,国家应当提供相应的政策与法律支持,个人、家庭、社会应当重视养老问题,从而形成全民养老的先进观念。

4.1 完善第三支柱养老保险制度,扩大长期护理覆盖面

完备的养老保障体系主要由三大保险支柱构成,即基本养老保险、企业年金与个人商业养老保险,具有多层次的特点。发达国家三大保险支柱的比例通常维持在 5∶3∶2 或 4∶3∶3,而我国三个支柱体系存在发展比例不协调的问题,其中,第一支柱占比过大,第二、三支柱较弱,尤其是长期护理保险制度仍然不健全。养老服务的提供主要围绕"医""养""护"三个关键点,三者缺一不可。我国目前创建了相对完备的医疗和养老保险体系,但是老年人护理难题尚待解决,社会上缺乏满足失能和失智老人长期照护需求的养老服务。基于以上现实国情,我国应当在保证基本养老保险的基础上,政策适当向分别作为第二、三支柱的企业年金和商业保险倾斜,建立多支柱的养老金支付体系,鼓励公民进行多元化保险投资,补充基本养老金的同时,提高民众的提前养老储蓄意识,并实现养老保险与劳动市场和资本市场的对接,缓解国家的财政压力,进一步提升养老服务质量,并建立具有中国特色的老年人长期护理保险体系。

国家应当持续推进长期护理保险制度的顶层设计,增强制度的普适性。我国长期护理保险制度从 2016 年开始试点,截至目前试点包括全国 49 个城市,覆盖近 1.2 亿参保人。我国 2021 年 3 月的《政府工作报告》指出,应当促进医养康养相结合,稳步推进长期护理保险制度试点。但是我国长期护理保险仍然存在筹资渠道单一、标准不一致等问题,其中服务机构和护理人员服务质量的评价、协议管理和费用结算办法等也需进一步完善。因此,我国应当建立一套统一的失能评估标准、照护需求评估体系、护理人员评价机制,打造专业化、标准化、个性化的照护网络,从而提高养老服务质量,真正实现"老有所养"的目标。

4.2 整合区域养老资源,打造"三位一体"养老服务网络

我国与日本的养老观念皆受东方儒家文化的影响,老年人倾向于家庭养老。然而随着老龄化程度加深、少子化现象加剧,"421"的家庭模式导致家庭养老功能不断弱化,出现越来越多的"独居老人""空巢老人",传统的居家养老无法为老年人提供高质量的晚年生活,而且难以形成产业化的养老体系。基于以上实际情况,社区在养老服务提供中起着关键作用。社区作为居民在生活上相互关联的大集体,是社会有机体最基本的组成部分,我国社区承担基层社会治理的职责,能够有效统筹社区内的养老资源。因此,我国社区应当致力于为家庭中的老年人与养老服务机构搭建沟通的桥梁,推进区域养老服务网络建设,建立"家庭""社区""机构"三位一体的养老服务体系,明确各方职责,打造区域养老综合体,形成以居家养老为基础、社区养老为主、机构养老为补充的养老服务方式。

此外,我国社区存在养老基础设施配置不灵活等问题,如大部分社区没有专门设置提供养老服务的配套用房,或是产品同质化严重使得普通床位空置率居高不下。日本积极推动小规模社区嵌入型设施体系,从而达到老年人"在地养老"的目的,根据老年人具体的养老需求,社区进行高效的配置和规划,这对我国社区养老设施的改进有启发作用。我国可以在借鉴日本经验的基础上,结合本国国情,首先,从规划层面对养老设施体系的建设进行顶层设计和通篇考虑。其次,明确界定养老服务的内容和范围,进而根据服务内容对应的设施的类型、规模和建筑要求,并制定社区区域化的发展方针,因地制宜确定配建指标和设施规模。再次,需要进行广泛的调查,了解老年人不同层次的需求,如上门服务、日间照料和入住设施等。最后,将有各类照护服务机构、可实现多功能需求的复合型养老设施等纳入社区养老

图5 日本美秀美术馆   徐晓东／摄

体系，并严格控制设施规模上限，制定切实可行的规模指标；与此同时，充分发挥区域内的协同作用，从而进一步推动以社区为主导的养老体系发展，提高社区内养老服务的质量。

4.3 开发差异化的养老模式，满足老年人多元化的需求

日本多元化的养老模式为我国开发新型的养老模式提供了充分的经验借鉴。我国可以根据本国实际，积极推行"时间银行""远程看护""以老养老"等互助养老模式，此外可以借鉴其他发达国家的

经验，发展"多代居"等互助养老式公寓，既保证老人以家庭为单位养老，又能为群体提供如医疗保健、公共娱乐等多样化的互助服务。此外，家庭式"多代居"养老模式也应受到广泛重视，如代内互助养老与代际互助养老，前者形成以老年人为主的互帮互助小组，后者为年轻人通过为老年人提供服务而换取住宿机会，如大学生与老年人同居，由学校和社区牵线搭桥，大学生不需交付房租，但每周需为老年人提供如重体力活、陪伴聊天等服务，并保证相应的服务时长，这样不仅在一定程度上减轻了年轻人在大城

市的生活成本，而且满足了独居老年群体的精神需求，降低了独居发生意外的风险。同时，关注老年群体的精神文化生活，如将图书馆、文化馆等公共服务纳入社区养老体系，开发适老化服务板块，文化机构对内与社区对接，对外寻求与各类机构组织合作，从而推动养老产业发展（图5）。

此外，我国可以对现有养老服务机构进行改革，发展具有个性化的商业养老机构，以满足老年人群多样化的需求。我国目前存在养老机构服务趋同过剩、专业化机构与护理床位严重缺失等问题，养老服

务供给呈"哑铃形"，即追求经济目标的养老服务高端市场供给和政府兜底的低端养老院供给较多，能够为老年人群提供基本生活照料和康复护理且契合其收入的中端养老产品供给严重不足。因此，我国应当立足市场实际需求，积极发展银发市场，以养老需求区分养老机构类别，并提供差异化服务，如开发适合高收入群体的高级公寓、适合失能老人的特别养护院、适合日常康养的康复和疗养型养老院、满足子女白天外出需求的日托型机构、适用于老年人旅游的临时性居住场所等。

4.4 紧随智慧城市建设思路，实现社会养老智能化

我国智慧养老受到国家层面的重视。2017年发布的《智慧健康养老产业发展行动计划（2017—2020年）》提出，要加快智慧健康养老产业发展，到2020年，基本形成覆盖全生命周期的智慧健康养老产业体系。2019年，我国明确了"互联网＋养老"和"智慧养老院"的核心发展思路。由此可知，智慧养老已成为我国未来养老产业发展的趋势和方向。基于居家养老，我国可以将居家生活用具进行数字化处理，如在房间内装设健康活动监测传感器、对生活用具进行适老化设计等，或开发家用型机器人为老年人日常生活起居和娱乐交流等提供服务。基于社区养老，我国可以推动区域网络平台建设，将大数据、智能互联的运作模式融入其中，开发结合通信、互联网和物联网技术的"智慧养老"新模式。基于机构

养老，为每位老人提供智能手环以监测体征，利用红外线报警器监测老人活动，为老年人提供智能医疗监测仪器等。一方面，加快社区与养老机构的合作，将专业的养老机构与护理人员纳入体系；另一方面，社区动员区域内居民以家庭为单位加入网络服务平台，使家庭、社区、机构形成有机的整体，通过网络平台促进服务的标准化和规范化。此外，我国应当加大力度研发养老技术产品，开发具有普适性的智慧养老产品。

4.5 推进养老专业人才结构建设，提供高质量养老服务

我国老龄化程度的进一步加深促使我国养老供需总量失衡，国内专业从业人员紧缺，且存在专业化程度不高等问题。养老专业人才除了处于关键地位的护理人员之外，还包括相关社区和机构的管理人员以及保险财务经理等。因此，在养老产业人才培养方面，国家应当出台相关专项培养政策，培养各个层次、各个部门的专业化人才，并鼓励采用校企合作、医企合作、养老机构自行培养、政府依托基地培养等多种培养模式，并统一全国标准，推行多等级的资质评价体系，明确各类从业人员的职业发展方向，就业方式采用非定向自由执业与定向对接等方式，在提高养老护理人员社会地位的同时相应提高薪资报酬，扩大我国养老从业人员队伍，致力于弥补行业内专业人才的缺口。

此外，尤其应当重视从业人员专业资质评估，以防出现虐待老人等社会现象。因此，应当根据所提

供服务内容的不同对从业人员进行有针对性的专业知识培训和岗位技能培训，并建立监管体系，从业人员必须通过职业资格测试，持证上岗，并严格按照规定签订劳动合同。

4.6 国家树立以政府和法律支持为基础的全民养老观念

养老产业在发展过程中，政策、法律和民众缺一不可，三者贯穿养老服务发展的始终。我国形成完善的养老服务体系离不开中央政府的顶层制度设计与地方政府的具体落实，其中，除提供充分的财政支持外，养老保障法律体系的形成尤为关键。养老保障法律的更新应当伴随着养老政策的革新同步进行，日本完备的养老法律体系为我国提供了经验启示，它推行每一项养老制度的背后总出台与之相配套的法律法规，如针对长期照护保险制度的《介护保险法》、针对老年人"无障碍旅游"的《无障碍法案》等。因此，我国应当建立以保障老年人利益为核心的养老法律保障体系，有机综合"医""养""护"等关键因素，形成清晰的法律脉络，制定详尽的政策法规等。此外，国家在保证财政力度的基础上，创新养老服务筹资机制，逐步向市场主体倾斜，吸纳社会各界力量，组织社会团体和志愿者加入，加强养老公益事业的发展。还要重点推动智慧养老政策，鼓励老年人参加多样化的文化活动，进行移动设备适老化设计，家庭、社区和机构联合为老年人群打造集医疗保健、休闲娱乐、康复护理于一体的综合性养老服务。与此同时，通过线上传播平台加强宣传力度，

通过各类媒体引发社会对老年人生活的关注，传播新时代医养结合、文化养老等养老观念，形成全民养老的意识，加强社会民众对老年群体的关怀和尊重。

5 结语

中国人口老龄化进程对我国养老服务体系提出了更高的要求，因此，为了应对老龄化社会挑战、缩短老龄化持续时间并提高老龄人群养老服务质量，在借鉴其他发达国家养老经验的同时，应当从养老保险体系建立、区域养老网络建设、差异化养老模式创新、智能化养老发展和专业化人才队伍建设等方面入手，努力建设具有中国特色的养老服务体系。

参考文献

陈功, 王笑寒, 2020. 我国"时间银行"互助养老模式运行中的问题及对策研究[J]. 理论学刊(6): 132-140.

曹献雨, 睢党臣, 2018. 人口老龄化背景下我国养老问题研究趋势分析[J]. 经济与管理, 32(6): 25-30.

戴靓华, 周典, 韩国庆, 2020. 多元化养老模式探索: 日本佛教养老机构的发展及启示[J]. 建筑学报(S1): 60-64.

丁文均, 丁日佳, 周幸窈, 等, 2019. 推进我国智慧养老体系建设[J]. 宏观经济管理(5): 51-56.

胡宏伟, 李佳怿, 汤爱学, 2016. 日本长期护理保险制度: 背景、框架、评价与启示[J]. 人口与社会, 32(1): 94-103.

姬鹏程, 王皓田, 2020. 日本长期护理保险制度的经验与启示[J]. 宏观经济管理(11): 85-90.

寇垠, 何威亚, 2020. 日本图书馆参与地域综合照护网络的经验[J]. 图书馆论坛, 40(10): 176-183.

刘涛, 何亮, 李金辉, 2019. 我国商业养老保险介入养老产业链的策略研究: 基于国际经验的研究视角[J]. 国际经济合作(3): 113-123.

宋凤轩, 张泽华, 2020. 日本第三支柱养老金资产管理: 运营模式、投资监管及经验借鉴[J]. 现代日本经济, 39(4): 85-94.

盛见, 2018. 我国养老产业供需失衡问题及其对策研究[J]. 中州学刊(11): 52-57.

王梦心, 庄晓惠, 2018. 从现有养老体制看未来养老困境[J]. 东南大学学报(哲学社会科学版), 20(S2): 129-132.

尹文清, 罗润东, 2016. 老龄化背景下日本养老模式创新与借鉴[J]. 浙江学刊(1): 174-179.

杨宜勇, 韩鑫彤, 2020. 提高我国养老服务质量的国际经验及政策建议[J]. 经济与管理评论, 36(1): 5-14.

张雷, 韩永乐, 2017. 当前我国智慧养老的主要模式、存在问题与对策[J]. 社会保障研究(2): 30-37.

贵州台江苗族五彩姊妹饭

产品开发与策略分析

Product Development and Strategy Analysis

吴东俊/摄

基于林业视角的森林康养基地建设研究与思考

Study on the Construction of Forest Wellness Base in the Context of Forestry Development

文 / 程小琴　姜超　田娜

【摘 要】

发展森林康养是科学、合理利用林草资源，践行"绿水青山就是金山银山"理念的有效途径。森林生态系统作为森林康养基地建设的核心部分，在森林康养事业可持续发展中起到至关重要的作用。本文从林业视角出发，从林木经营管理、林产品经营管理、林地经营管理和景观经营管理四个方面，着重分析为适应森林康养，对森林生态系统采取的调整、抚育和经营措施。综合我国林业与森林康养发展现状，旨在为建设森林康养基地提供借鉴，推进林业与森林康养共同发展。

【关键词】

森林康养；基地建设；森林经营管理

【作者简介】

程小琴　北京林业大学生态与自然保护学院副教授

姜　超　北京林业大学生态与自然保护学院副教授

田　娜　北京林业大学生态与自然保护学院硕士研究生

1 森林康养与林业

美国著名科学家爱德华·奥斯本·威尔逊（Edward Osborne Wilson，1984）提出了"亲生命假说"（biophilia hypothesis），即人类有种亲近自然世界的本能，因为自然对人体健康有很多益处（Roszak et al.，1995）。O'Connor 和 Chamberlain（1996）认为，城市化进程的加速，造成了生活在城市中的人类与自然分离，而不论是儿童还是成年人，脱离自然将出现种种社会问题，包括孤独、焦躁、易怒、肥胖等（Louv，2008；Sampson，2013）。随着生活水平日益提高，人类对精神和健康的追求也与日俱增，森林调节身心和促进健康的功能逐步被发掘。现代人生活节奏快、压力大，且在城市环境中雾霾污染严重，不少城市人有回归森林"洗肺"的需求。于是，"森林康养"应运而生。到森林里寻求健康成为时下热门（图1）。

森林康养作为一种新兴产业，在国外已逐渐有较大发展和较多研究，并取得了良好的社会效果。自然环境和人文环境完美结合的德国是森林康养发展的兴起之地，19世纪40年代，德国人为治疗"都市病"创造了自然疗法。巴特·威利斯赫恩镇（Bad Wörishofen）创造了世界上第一个森林浴基地（李悲雁 等，2011），如今，在德国有350处森林康养基地（徐秀明，2017）。德国对森林康养基地的甄选，有着严格的标准。德国的森林康养基地主要分布在森林密布、海拔较高、气温较低的区域。20世纪30年代，苏联列宁格勒大学植物生理学家杜金博士（Toknh B.P）在进行植物胚胎实验的过程中发现了植物芬多精（吴楚材 等，2006）。1980年日本著名的生物气候学者神山惠三针对植物芬多精的研究出版了书籍。1982年，林野厅长官秋山智英在了解了植物芬多精的功能后，提出了森林浴的概念。同年，在长野县赤泽自然休养林举行了第一次森林浴大会，将赤泽自然休养林作为日本森林浴发祥地，并将在森林开展的与健康相关的活动定义为森林疗养（forest therapy）。日本相关研究者相继开展了大量的森林环境要素对人体身心健康影响的研究（宫崎良文，2007；Li，2010；Li et al.，2011；Ochiai et al.，2015）。在日本，森林疗养已经逐渐发展为一个产业，其发展经验也具有良好的指导意义（王燕琴 等，2018）。日本拥有世界上最先进的森林疗养功效测定技术，有丰富的森林疗养理论和实践，也建立了完备的森林疗养基地认证体系（程希平 等，2015），已有63个被认证的森林疗养基地。韩国在1982年

图1 长白山林中步道   徐晓东/摄

提出建设自然康养林（Lee et al., 2013），2005 年出台的《森林文化·休养法》提出将森林休养纳入健康生活方式，对森林休养进行定义，规定由山林厅负责森林休养指导师培训和资格认证。2015 年，韩国森林休养指导师作为新职业，被正式纳入韩国职业词典。

2015 年，在中国（四川）首届森林康养年会上发布的《玉屏山宣言》提出了森林康养的概念。"森林康养"是以多姿多彩的森林景观、沁人心脾的森林空气、健康安全的森林食品、内涵丰富的生态文化等为主要资源和依托，配备相应的养生休闲及医疗、康养服务设施，开展以修身养心、调适机能、延缓衰老为目的的森林游憩、度假、疗养、保健、养老等活动的统称（佚名，2015）。围绕该概念，随后国内森林康养出现百家争鸣、百花齐放的繁荣局面。相近的概念有森林疗养（南海龙 等，2013）、森林医学（吴楚材 等，2010）、森林养生与体验（唐建兵，2010；赵敏燕，2015）、生态康养（李后强 等，2015）等。为了更好地推动我国森林康养的发展，吴后建等（2018）对森林康养的概念、功能和内涵进行了阐释，将森林康养概念分为广义和狭义两种。从广义而言，森林康养是依托森林及其环境，开展维持、保持和修复、恢复人类健康的活动和过程。森林康养的主体是森林康养者，是以修身养性、愉悦身心为主要目的，进行一系列森林康养活动的人群。森林康养的客体指森林及其环境中有生态价值的要素（如森林景观）的总称（图2）。

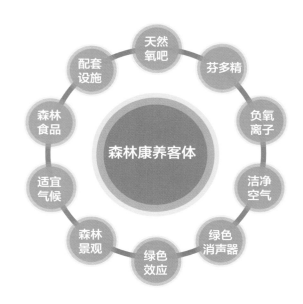

图2 森林康养的客体

我国森林康养作为改革发展新常态下的新兴产业，受到多学界人士的关注，发展与建设逐日深入。森林康养基地的建设可以促进公众健康，使人们重视对身体健康的管理，同时可以缓解人口老龄化引发的医疗赤字问题（焦玉亮，2018）。我国的森林资源较为丰富，有一定的条件和能力建设森林康养基地，以更好地服务于有需要的人群。一个成功的森林康养基地首先需要有良好的自然资源条件，优质的森林才能提供高效的康养因子，森林的生长状况直接决定了森林康养效果显著与否。因此，发展森林康养首先应当促进森林资源的可持续发展，注重提升森林质量，同时森林康养基地的建设还能提高森林经营水平，驱动林业创新发展。

2 森林康养基地经营管理措施

2.1 林木经营管理

林木是构成森林的主体，只有管理好林木的生长，才能营造健康、有活力的森林，森林康养才能最大限度发挥作用。从森林生态系统的角度出发，森林康养基地要遵循生态性、地域性的植物配置原则。生态性主要注重自然和生态平衡，形成稳定的植物群落。树种的种间关系是影响森林稳定性与能否达到森林培育目标的重要因子，适当的树种间竞争可以促进林分生长。地域性是以本土树种为主，要注重乡土中不同植物对人身体健康等的影响。不同地区和气候植被类型对人的影响不同，在森林康养基地植物种类的选择上，在提高乡土植物比重的同时，加强有益植物对人体健康的研究，达到真正的森林康养目的。

另外，通过对林木进行经营管理可形成疏密、明暗、动静对比的空间。森林康养基地的林分郁闭度要求为 0.6~0.7（章志都等，2008），主要目的是让林分具有良好的透光度和透视度。透光度能够增加林分光照，让走在森林中的人感到明亮舒适，且良好的透视度能提高心理安全指数，让人不用担心自己的安全，放松地去体验森林。对于幼龄林，在林分郁闭前要采取保护措施，避免上层乔木或灌木遮光，阻碍其生长，还要避免风太大将其刮倒等，应通过透光伐调节树种组成和林分密度（沈国舫等，2011），为其他林木生长提供空间和资源；在林分郁闭后则要采取适当的抚育措施，整形修枝，促进其生长。

要采取间伐措施，在降低林分郁闭度的同时能够使森林康养基地获得一些经济收入。充分利用森林生态系统的自然生长发育规律与自我调控能力，尽可能地恢复符合当地生境特点和天然植被结构的健康、稳定、多样的异龄复层混交林，并形成与自然景观异质性相匹配的多态镶嵌景观分布格局（图3）。林内卫生状况主要是指林分遭受病虫害、风折、风倒、雪压、森林火灾的程度，通过卫生伐，伐除林分中的受害木，可改善森林卫生状况，促进更新和保留木生长。病害木和枯死木要全部伐除。在对林分进行间伐控制郁闭度时还要注意适当增加林中空地，特别是在比较密集的林内，人走在林中，适当出现的林中空地能够提升景观美感度，让人更加放松。

日本速水林业以德国林学家阿尔弗雷德·穆勒（Alfred Mller）的恒续林思想，营造多树种、多层次、稳定的异龄林，如在针叶树的林内，通过抚育采伐，不断改进林分密度，并诱导培育常绿阔叶树，保持林冠开放度在20%以上，以维持、培育下层植被。速水林业还努力提升管理和技术水平，提高所采伐木材的数量和质量。此外，为了保护自然环境，创造更好的绿色环境，为森林康养提供有利条件，现在速水林业每年组织超过千人参观森林。踏入速水林业的森林，抬头看看树木，感受脚下的微生物，聆听山鸟的鸣叫，察看野猪的足迹，感受孕育森林的清新空气和芬芳泥土，感受清澈的河水和森林的气息，达到治愈身心的目的。速水林业将继续积极推广森林生态系统可持续管理，以持

图3 热带林业实验中心伏波实验场

农志／摄

续提供大径材和高效的生态服务，尽可能让更多的人感受森林、欣赏森林，并参与森林保护。

2.2 林产品经营管理

森林有着巨大的生态效益，能够影响人体健康，一些林产品也能够很好地服务于人类。森林中的一些果实和菌类，一方面可以作为森林康养基地营养食谱的食材，就地取材，既新鲜又营养；另一方面也可以用于开发森林康养基地课程，让人们参与林产品收集活动，有收获的同时使身心健康受益。森林中一些乔木、灌木或草本植物的叶片以及一些花卉，既是很好的药材，又可以作为森林康养基地进行芳香疗法时的原材料。另外，森林抚育采伐后的剩余物以及森林的枯枝落叶等可作为森林康养基地手工加工项目的原材料。在森林康养项目中增加一些手工项目，让人们亲手体验，会加强森林康养的效果。

林产品为人们带来了许多好处，除了用作建筑以及其他行业的材料外，林产品还能创造就业机会、促进经济，如发展森林自然教育、森林康养等附加产业。扁柏含有丰富的挥发性成分，能抗菌、增强心肺功能等。韩国正南津扁柏林树木乐园有大片的扁柏森林，很多人都慕名前去体验扁柏的功效。正南津扁柏林树木乐园开发了多元化的体验项目，人们既可以漫步在郁郁葱葱的扁柏树林中，清新的扁柏香沁入心田，可缓解精神压力，为肠和肺注入活力；又可以体验"扁柏盐蒸房"带来的轻松和畅快感；还可以在木艺体验馆制作多种多样的扁柏木工艺品。加强本土优良植物开发利用的同时，加大林下经济开发，积极探索林药模式、林草模式（图4）、林花模式等多种可持续经营模式，走可持续经营之路，延伸产业链，促进对植物资源的高效利用。

2.3 林地经营管理

林地是植物生长的基础。林地管理主要是对林地的土壤、草坪及绿篱花卉进行管理，其中，林地土壤管理尤其重要。林地土壤的肥力及保水保肥的能力决定了林木的生长状况。林地土壤的肥力主要来自凋落物，凋落物分解是陆地生态系统中碳素周转和矿质养分循环的重要过程。干旱半干旱环境不利于林下凋落物自然分解，将凋落物收集起来集中粉碎后返还林分，可以选择均匀返还，也可以选择挖坑填埋（可适当加入菌肥，加速分解）。合理的生态系统管理措施，如适地适树、慎待整地、合理施肥、引入林下植被以及凋落物分解管理等能有效提升土壤肥力，实现林木优质高产（庄立文，2002）。

管理林地的目的是构建更健康、更高质量、更多样的森林，这不仅能给野生动物提供优质的栖息地，还能保证森林不易受到自然灾害（如昆虫、疾病和火灾）的影响，并且能为人们休闲娱乐提供场所。在美国宾夕法尼亚州，70%的林地属于私人。一般来说，如果管理得当，私人土地可以种植更多的用于住房、家具、书籍、报纸和我们每天使用的许多其他产品的木材，带来直接的经济利益。另外，林地经营得好也能发挥其他作用，例如为野生动物和植物提供宝贵的栖息地，净化水质，保护土壤免受侵蚀，并改善空气质量。优质的林地还可以为自然爱好者、徒步旅行者、露营者和野餐者带来乐趣。

图4 槟榔与香草兰复合经营模式
程小琴／摄

图5 森林生态系统中优质的草坪

刘亚鹏 / 摄

对于森林康养基地来说，优质的草坪是非常必要的。草坪不光可以在景观视觉上带给人享受（图5），也可以用于一些适合在草坪上开展的项目，如草坪瑜伽、生态露营等。草坪管理最主要的在于定期修剪，且要注意修剪的高度。绿篱和花卉主要配合森林康养基地或局部位置的景观特点来配置，花卉最好选用多年生花卉，节约成本的同时也便于管理。

2.4 景观经营管理

森林康养中，森林的功效之一是提供景观，景观由各种各样的景观元素组成，美丽的自然环境景观更有利于缓解心理紊乱等问题（张秀丽，2017）。森林特有的绿色，凉爽的林荫，给人以优美宁静之感，使人感到安宁、平静、乐观、愉快；自然之中满山遍野的姹紫嫣红，能带来丰富奇特的视觉效果，适宜的色彩搭配能给人和谐、舒适、亲切、宁静的感觉，有利于调节情绪，放松身心。另外，森林中的树木是"绿色消声器"，能使声音散射，树叶的气孔和绒毛可以吸声，这种安静怡然的气氛能调节人的情绪；徐徐风声、林中鸟鸣声、林涛声、潺潺流水声等这些自然之声进入生活环境，给人以一种聆听"自然交响曲"般的享受，能使人产生许多美妙奇特的遐想，使紧张、烦躁的心情平静下来，感到精神怡然、心情愉快。

图6 加拿大温哥华卡皮卡诺吊桥公园景观

刘亚鹏 / 摄

森林景观的营造主要通过树种配置来实现。根据想获得的景观效果来选择和配置森林树种，需要立足于森林美学，从森林美感如色彩、体态、形状、气味、声响（陆兆苏，1996）等方面以及森林美学功能如衬托、协调、屏障等方面考虑，选择能够适应当地条件的树种。从美学角度，景观中蕴含的美足以满足人们内心最原始的需求，并促使人们朝着更健康、更完美的境界迈进。另外，森林景观应具有立体的植被层次，以使森林康养有淹没在自然中的感觉，这不但有利于完善整

个生态系统，而且会使森林康养效果更加明显（图6）。景观建设最好是小幅度的，若要大幅度建设景观，一定要在充分调查实地情况的基础上进行，以免影响当地的景观连接度。景观连接度是景观中同类斑块之间或异类斑块之间在功能和生态过程上的有机联系程度，即景观促进或阻碍生物体或某种生态过程在斑块间运动的程度（陈杰 等，2012）。景观连接度会对种子迁移和扩散、动物迁移、基因流动，以及干扰渗透和土壤的侵蚀等产生重要影响，进而直接影响森林生态系

统的完整性、可持续性和稳定性（陈利顶 等，1996）。

丹麦哥本哈根大学森林与景观研究中心在距哥本哈根市30km以外的霍斯霍尔姆植物园中设立的户外实验室——"自然、健康与设计实验室"，是用于为高压力人群提供治疗并使其放松心情的，它同时研究森林健康设计理论。实验室包括三个室外空间——纳卡蒂亚疗愈花园、欧拓维亚健康森林和在建的森林步道"行走的绿色空间"。其中，纳卡蒂亚疗愈花园的景观布局采用近自然形态，采用三维的种植

结构，将乔灌和多年生花草有机地组合在一起，形成不同的空间单元，并且这种立体结构也会随季节变化，具有丰富的季相。整个花园内的布置以植物材料为主，以铺设在花园内的曲折小路将花园的整体空间衔接起来，近自然的空间布局能够增强目标人群的感知体验，使其在一种充满活力的环境中放松身心。根据目标人群在不同治疗阶段不同的生理和心理需求，纳卡蒂亚疗愈花园的设计者将花园分为 4 个不同的区域——内向安静区、森林园艺区、互动体验区、开敞草地区（Corazon et al., 2010）。纳卡蒂亚疗愈花园的自然化设计风格可以给目标人群带来一种回归自然的感觉，可以帮助目标人群放松精神、缓解压力。

3 森林康养基地森林经营面临的挑战及应对策略

3.1 林业政策法规尚待健全

任何一套系统产业的兴起都需要依托健全的法律法规体系。如韩国政府以山林厅牵头，并与卫生部和教育部等相关部门协作，制定和颁布了一系列法律法规，如《森林文化·休养法》《森林教育法》《森林福利促进法》等，积极鼓励国民利用森林环境来促进健康和提高生命质量。我国大部分森林资源都属国有，森林康养的发展空间受林业政策限制，且现行林业政策法规尚缺乏专门针对森林康养行业政策的内容，如何加强林业政策法规、监管森林康养行业成为亟待解决的难题。我国幅员广阔，各地气候环境差异较大，故既需要全国性的也要

有地方性的森林康养法律法规。全国性林业法规注重国家森林康养行业的整体发展，地方性林业法规则细化和区分地方性森林康养行业发展差异，为区域森林康养行业可持续发展营造良好的法律环境并提供制度保障。相对于国际上较为完善的森林康养的相关立法，中国也应该进一步完善法律法规，顺应时代，确立森林康养的法律地位，为森林康养基地建设提供法律支持。

我国森林康养目前还处在起步阶段，存在许多问题，也面临许多挑战，尤其是对环境的影响。因此，加强森林康养立法和制度建设，通过法律手段来引导规范森林康养沿着健康方向发展尤为重要。同时，完善整体规划试点示范，加强宏观管控、整体规划和合理布局，制定阶段性发展目标。根据资源状况、植被特点、客流数量等实际情况，设计相应的因国家或区域而异的森林康养基地。借鉴国际模式，选择条件好的森林公园、自然保护区等开展试点示范，打造特色示范点，建立技术模式，力求多方位、深层次开发森林康养产品。

3.2 现行林种划分滞后于多功能造林实践

日本基于森林康养的不同作用，将用于森林康养的林分细分为自然休养林、运动体验林、观察教育林等，并且严格采用有效的森林资源管理计划体系、强大而活跃的林业非政府组织、形式多样的政策扶持手段实施林业管理，维持了日本森林资源生态保护目标和森林康

养项目开发的平衡。目前我国将森林划分为五大林种——用材林、经济林、防护林、薪炭林和特种用途林，林业部门制定的法规中多强调造林任务，忽略抚育管理乃至长期经营，重在强调各林分之间功能的区别，而较少考虑让森林发挥综合效益。林种分类体系不完善导致对森林康养基地森林的重视程度不足。对于森林康养基地，应充分珍惜立地潜力和尊重自然力，不过度开发，避免使之遭受破坏，适地适树、针阔混交和增加阔叶树比重，尽量保留和保护乡土树种，针阔混交以提高森林生态系统的生产力和结构丰富度，最终形成复层异龄混交林，充分发挥森林的多种效益，实现森林康养基地森林可持续经营。

3.3 缺少全面系统的理论技术体系

从林业角度，发展森林康养存在森林选择与建设缺少标准、理论与技术支撑等问题，这些问题极大地限制了森林康养基地建设，阻碍了森林康养行业发展，所以亟须得到解决。现有营林技术多着重于营造人工速生丰产林，研究重点在于林分生长量，较少涉及其他指标，更缺乏对森林康养基地森林经营技术的系统研究。同时，技术体系的核心要素缺乏量化和优化的模型验证，技术应用推广还缺乏深入的作业技术标准、培训教材和管理制度等。发展和建设森林康养基地森林需要政府支持、体系完善、技术支撑，需要协调经济、生态、资源三者的关系。随着森林康养科学研究不断深入，应不断修订森林的抚育方法、

监管方法以及经营计划。将最新的科研成果应用到森林康养基地森林经营之中，积极探索和实践森林康养基地森林经营技术，有利于推进森林经营从粗放型向集约型、从数量型向质量型转变，这对建设可持续林业具有重要意义。同时，要准确定位森林康养，依据森林特色，建立文化体系，与多部门、多学科合作，使森林康养融合林业、医学等多方面的知识与成果（赵树丛，2016），拓展森林康养发展空间。

4 结论与展望

从林业视角出发设计森林康养基地，最主要在于森林的培育和经营管理。森林康养基地建设在森林中，只有营造优质的森林，结合适合的森林康养设施和方法，才能够最大限度发挥森林康养的作用。营造森林时要注意适地适树的原则，树种上选择针阔混交林，营造异龄复层混交林等。森林培育上主要应做到林分郁闭度保持在 0.6~0.7 的水平，这样既利于林分垂直结构形成，林分的透光性和透视性也较为合适。森林经营管理上主要应对林木和林产品进行精细管理，及时采取抚育间伐、采摘等措施，降低林分郁闭度，也可以为康养基地带来一定的经济收入。林地管理上主要应注重土壤肥力改良，林下凋落物一定要想办法归还到林分中，避免土壤肥力下降导致森林质量退化。景观建设一定不能降低原有的景观连接度，以当地已存在的景观为主，适当辅以特色建筑及人文景观。森林康养适应林业发展目标、适应经济发展趋势、适应消费方式转变，成为新常态下的新兴产业。森林康养基地建设与林业密切相关。面对发展的机遇与挑战，要牢牢把握林业产业发展转型这一契机，加大科研投入，坚持科技与实际相融合，完善理论与实践基础，推进公众认知，获得公信力。

参考文献

陈杰，梁国付，丁圣彦，2012. 基于景观连接度的森林景观恢复研究：以巩义市为例[J]. 生态学报，32（12）：3773-3781.

陈利顶，傅伯杰，1996. 景观连接度的生态学意义及其应用[J]. 生态学杂志，15（4）：37-42.

程希平，陈鑫峰，叶文，等，2007. 日本森林体验的发展及启示[J]. 世界林业研究，2015，28（2）：75-80.

焦玉亮，2018. 康养理念导向下的郊野型服务设施规划初探：以青岛森林医院概念规划为例[J]. 智能城市，4（7）：99-100.

李悲雁，郭广会，蔡燕飞，等，2011. 森林气候疗法的研究进展[J]. 中国疗养医学，20（5）：385-387.

李后强，廖祖君，蓝定香，等，2015. 生态康养论[M]. 成都：四川人民出版社.

陆兆苏，1996. 森林美学与森林公园的建设[J]. 华东森林经理（1）：44-49.

沈国舫，翟明普，2011. 森林培育学[M]. 北京：中国林业出版社.

王燕琴，陈洁，顾亚丽，2018. 浅析日本森林康养政策及运行机制[J]. 林业经济，40（4）：108-112.

吴楚材，吴章文，罗江滨，2006. 植物精气研究[M]. 北京：中国林业出版社.

吴楚材，郑群明，2010. 森林医学：人类福祉[J]. 森林与人类（3）：11.

吴后建，但新球，刘世好，等，2018. 森林康养：概念内涵、产品类型和发展路径[J]. 生态学杂志，37（7）：2159-2169.

徐秀明，2017. 森林养生基地建设评价体系构建研究[D]. 福州：福建农林大学.

佚名，2015. 中国（四川）首届森林康养年会玉屏山宣言[J]. 绿色天府（8）：3.

张秀丽，2017. 北京八达岭国家森林公园森林疗养探索与实践[J]. 林业资源管理（6）：37-40.

章志都，徐程扬，董建文，等，2008. 郁闭度对风景游憩林林下植被及林内景观的影响[J]. 中国城市林业，6（2）：10-13.

赵树丛，2016. 关于森林疗养的几个问题：在第六届北京森林论坛上的报告[J]. 国土绿化（11）：13-15.

赵敏燕，2015. 森林养生[J]. 森林与人类（9）：4-5.

庄立文，2002. 长白落叶松人工林的土宜及土壤管理技术[D]. 哈尔滨：东北林业大学.

CORAZON S S, STIGSDOTTER U K, JESEN A G C, et al., 2010. Development of the nature-based therapy concept for patients with stress-related illness at the Danish Healing Forest Garden Nacadia[J]. Journal of therapeutic horticulture, 20: 35-49.

LEE J H, BÜRGER-ARNDT R, 2013. Characteristics of forest-based recreation in Korea and the case of natural recreation forests[J]. Life science journal, 10(3): 739-747.

LI Q, 2010. Effect of forest bathing trips on human immune function[J]. Environmental health and preventive medicine, 15: 9-17.

LI Q, TOSHIAKI Q, MAIKO K, et al., 2011. Acute effects of walking in forest environments on cardiovascular and metabolic parameters

[J]. European journal of applied physiology, 111: 2845-2853.

LOUV R, 2008. Last child in the woods: saving our children from nature-deficit disorder [M]. Chapel Hill: Algonquin Books.

OCHIAI H, IKEI H, SONG C, et al., 2015. Physiological and psychological effects of forest therapy on middle-age males with high-normal blood pressure [J]. International journal of environmental research and public health, 12 (12): 2532-2542.

O'CONNOR K, CHAMBERLAIN K, 1996. Dimensions of life meaning: a qualitative investigation at mid-life [J]. British journal of psychology, 87 (3): 461-477.

ROSZAK T E, GOMES M E, KANNER A D, 1995. Ecopsychology: restoring the earth, healing the mind [M]. San Francisco: Sierra Club Books.

SAMPSON S D, 2013. Ecopsychology and the third crisis [J]. Ecopsychology, 5 (4): 212-214.

宮崎良文, 2007. 自然と快適性 [J]. 日衛誌, 62 (2): 272-274.

健康中国背景下食养旅游开发的模式和策略

Development Model and Strategy of Food Wellness Tourism: Reflection on the Healthy China Action Plan

文 / 冯玉珠

【摘　要】

食养旅游是养生旅游的一种形式，是美食旅游的重要内容，也是康养旅游的组成部分，它具有普适性、参与性、专业性和长时性的特点。食养旅游资源丰富，产品多样，有单体食养店堂、生态餐厅、食养小镇、食养节事、食养文化博物馆、食养旅游园区、生态景区+食养餐馆等开发模式。开发食养旅游，不仅要深入挖掘食养文化内涵，加强产品研发，还应和其他旅游形式相结合，构建全媒体营销网络体系，打造食养旅游特色品牌。

【关键词】

食养旅游；开发模式；健康中国

【作者简介】

冯玉珠　河北师范大学家政学院教授

健康是人民幸福、国家富强和社会发展的重要基础。2015年，"健康中国"上升为国家战略；2016年，《"健康中国2030"规划纲要》印发；2017年，党的十九大报告明确提出"实施健康中国战略"，发展健康产业；2018年，政府工作报告中，推进健康中国战略被纳入保障和改善民生水平的重点工作；2019年，国务院印发《国务院关于实施健康中国行动的意见》。"健康中国"离不开健康饮食文化建设，离不开健康旅游的发展。食养旅游作为健康旅游的有机组成部分，既可以满足人民对多层次、个性化健康服务和旅游的需求，推进健康中国建设，又有利于打造经济增长新动能，为经济社会转型发展注入新动力。

1 食养旅游的概念和特点

1.1 食养旅游的概念

"民以食为天"，不论我们开展何种旅游活动都离不开饮食。饮食是为机体供给营养物质的源泉，是维持人体生长、发育，提供各种生理功能，保证生命生存的不可缺少的条件。古人早就认识到了饮食与生命的重要关系，并在长期实践中积累了丰富的知识和宝贵的经验，逐渐形成了一套具有中华民族特色的食养理论。

食养即饮食养生的简称，是指利用饮食营养机体、维持健康、保健强身、延年益寿。"食养"一词，最早见于《黄帝内经·素问·五常政大论》："谷肉果菜，食养尽之，无使过之，伤其正也。"意思是说，用谷肉果菜滋养身体已经足够了，但不可太过，以免对身体造成伤害(谢英彪，2014)。

食养旅游是以身心康养为动机，以食养资源为载体，通过科学合理的营养膳食，达到养生目的的旅游活动。在食养旅游中，人们学习饮食养生文化，体验饮食养生过程，进而保养身体、增强体质、预防疾病、保持健康。食养旅游是养生旅游的一种形式，是美食旅游的重要内容，也是康养旅游的组成部分(图1)。

"养生"一词，首见于《庄子·内篇·养生主》中庖丁解牛的故事。"养"是保养、调养、补养，"生"即生命、生存、生长，养生即保养生命以达长寿之意。中国养生理论以中医基本理论和古代哲学为底蕴，囊括了医药、饮食、宗教、民俗、武术等文化，有着数千年的历史，其萌芽大概可上溯至殷商时代，在发展过程中融合了自然科学、人文科学和社会科学的诸多要素。养生旅游是将传统的养生理念和现代的休闲理念植入旅游活动之中，以旅游资源为载体，将养生的生活方式产品化，通过参与活动实现养生目的的体验式旅游

活动(周珍 等，2011)，从载体和诉求来看，表现为水养、山养、动养、静养、文养、武养、医养、食养等形式。可见，饮食养生是养生旅游中至关重要的一项内容，是人们的一种生活需求和健康的生活方式。但在目前的养生旅游实践中，食养旅游并没有得到应有的重视。

美食旅游是以了解美食文化或体验美食制作、享受美食为主要目的的旅游活动，其最大特点是"为食而游"(袁文军 等，2018)。美食旅游活动可以是参加美食节事、学习美食烹饪，也可以是品尝美食产品(图2)、体验美食养生等，其中以养生为主要目的美食旅游，称为"美食养生旅游"。

我国自古就有"药食同源""食医合一"的说法，食养旅游中的"食"有些或许并不一定"美"，但为了"养生"也要吃。所以说，食养旅游与美食旅游的目的不完全一致。

至于康养旅游，《国家康养旅游示范基地》LB/T 051-2016将其

图1 食养旅游关系图

图2 广州椿里私房菜   图片来源：由广州椿里提供

定义为"通过养颜健体、营养膳食、修心养性、关爱环境等各种手段，使人在身体、心智和精神上都能达到自然和谐的优良状态的各种旅游活动的总和"。康养旅游的外延宽泛，综合性强，其开发类型包括生态水疗类、森林养生类、美食养生类、美容养生类、中医养生类、季节养生类等（郑四渭 等，2010），可分为"养眼""养身""养心"三个层次（任宣羽，2016）。康养包括食养，食养旅游是康养旅游的重要组成部分。

1.2 食养旅游的特点

饮食养生旅游是一种深度旅游体验，它具有以下特点。

一是普适性。民以食为天，安生之本，必资于食。每个人都需要饮食养生，每个人都可以是旅游者，因此食养旅游适合于老中青各种层次不同类型的旅游者。

二是参与性。食养旅游的参与性相对于其他的旅游类型要强得多。首先，食养旅游最主要的旅游经历是亲身经历了饮食养生过程，这种经历直接影响整个旅游时间的长短、旅游质量的高低。只有参与旅游过程中各种形式的饮食养生活动，才能得到康体的体验与效果。

三是专业性。食养旅游的基础核心理论是中国传统养生学和现代保健学。食养旅游企业必须配备资深食养专家、专业烹饪工作者和具有养生保健知识的餐饮服务人员，为食养旅游者合理配膳，提供食养知识咨询服务，并灌输食养知识，进行科学指导。对于旅游者来说，必须了解食养文化，理解食养原理，掌握食养方法，不迷信、不盲从所谓的"养生专家""养生大师"。此外，相关管理部门需要加强对食养旅游的监管。

四是长时性。食养旅游是一种享受性的旅游，从形态来看，表现为慢生活，必须通过较长时间才能达到强身健体、驱逐疾病的养生目的。通常情况下，旅游者在食养旅游地的逗留时间，短则一周，长则半月二十天，甚至一个月或更长的时间，才能达到强身健体、驱逐疾病的目的（冯玉珠 等，2015）。

2 食养旅游资源的类型

食养旅游资源是指能激发旅游者饮食养生动机并进行食养活动的客体和基本要素，是开展食养旅游的物质基础条件。食养旅游资源包括自然资源和人文资源两方面。中国人自古以来就强调养心养性和养身同等的重要。人的健康应当是由内散发出来的，所以我们在充分认识自然资源食养功效的同时，还应当发掘人文资源。自然资源与人文资源相互辉映，使饮食养生旅游更为丰满，更具有持久的吸引力。

2.1 自然类食养旅游资源

2.1.1 健康水资源

食养旅游离不开健康的水资源。水是万物之源、生命之本，水质的好坏直接影响着人的健康。清洁卫生、健康的水对维护健康是非常重要的，水不仅可以养身，还能养心和养神（李复兴，2016）。有关专家经过对众多长寿乡地区饮用水质的化学、物理和生物等方面的综合评定，发现长寿地区的饮用水水源的水质没有污染，不含有毒、有害、有异味的物质（例如微生物污染均为零，有机物评定指标COD为0.5以下）；属于天然弱碱性水（pH7.0～8.0）；水中含有丰富的

有益天然矿物元素，且硬度适宜；水分子团小，是天然活性水。据报道，世界四大长寿水源地分别是巴基斯坦罕萨、日本山梨、格鲁吉亚和中国巴马（佚名，2009）。

2.1.2 野生可食植物性资源

自然界生长的一些野菜和野果，如马齿苋、蒲公英、柳蒿菜、野韭菜、山芹菜、蘑菇、黄花菜、红豆、山林中的食用菌类等，可作为食养旅游资源。

2.1.3 野生可食动物性资源

如山野中的蚯蚓、蜗牛、麻雀、野兔、山鸡等。再如野生燕窝，多产在悬崖上，采集极为艰难和危险，因此价格昂贵。但近年来，由于无保护性地过度采摘，野生燕巢的数量大大减少。为了保护生态环境、保护动物，应该少吃野生燕窝和其他野生可食性资源。

2.2 人文类食养旅游资源

2.2.1 绿色食材资源

养生食材是加工养生食品的原材料，是食养的物质基础。随着生活水平和科学素养的提高，人们在饮食方面不仅关注美味，更关注食品的营养与安全，尤其在食材选择上，更多地注重不同营养组分食材的科学搭配，因而养生食材的选择历来受到高度重视。在乡村、农家、公司化经营的农庄（配套小、易储存食材的绿色加工作坊）、养生旅游餐馆、可采蘑菇的山林等地方，采摘有机绿色食材，或亲自播种、培育、采摘绿色食材，吃自己种的应季的粮食和蔬菜（图3），就是养生之道。老年游客来到乡村田园中，住农家院落，吃农家饭菜，吃五谷杂粮，吃应季蔬菜，品当地饮食特色，在一行一食中，达到养生目的。此外，一些养生食材生

图3　有机绿色蔬菜

图片来源：摄图网

产示范园区、养生食材加工示范园区、养生食材采购示范园区都是食养旅游资源。

2.2.2 茶养生资源

众所周知，我国自古就有喝茶的习俗。茶叶有很多好处，茶叶中含有600多种化学成分，不仅具有养生、保健、美容、减肥的功效，而且还能防治某些疾病，减少身体所承受的伤痛。茶养生旅游资源包括茶饮品、茶膳、茶疗保健品等（韩雪，2017），这些茶养生资源可与茶诗、茶画、茶书法，采茶歌、采茶舞、采茶戏与茶艺等相结合。

2.2.3 养生膳食

养生膳食是食养旅游的重要组成部分。养生膳食因时令季节、旅游者的身体状况而异，比如有宁心安神的膳食、降脂轻身的膳食、补虚养身的膳食、糖尿病膳食、养胃膳食、失眠调理膳食等。养生膳食中有一类是药膳。药膳不是中药与食物的简单相加，而是在中医辨证配膳理论的指导下，将中药和中餐有机地结合在一起，将药治和食治相结合，既可疗疾，又可借助鼓动胃气，提高抗病能力。药膳从功能作用的角度可分为保健类药膳、预防类药膳、康复类药膳、治疗类药膳等种类，以适应不同旅游者的需求（表1）（王辉，2007）。

2.2.4 少数民族食养资源

我国各民族都非常重视饮食养生保健，并积累了丰富独特的经验。蒙古族是一个具有悠久历史的游牧民族，被誉为马背上的民族。在长期的历史发展中，形成了独特的食养文化（尹铎 等，2010）。壮族的"五色糯米饭"是养生药膳，已流传数百年，呈黑、红、黄、紫、白（糯米色）5种色彩，又称"乌饭""花糯米饭""五彩糯米饭"，其选料为日常食物和天然植物中草药，按传统工艺加工而成，具有清热解毒、健胃强身之功效，有一定的药用价值。苗族用自己家养的土鸡与野生的乌鞘蛇炖服，俗称"龙凤汤"，此方可以用来预防并治疗风湿骨痛等疾病，苗族民间就流传一句俗语——"常吃龙凤餐，风湿共同很少翻"。回族的节食风俗、客家药膳、煲汤等，也都蕴含着极丰富的民俗养生文化。

2.2.5 宗教食养资源

宗教大都关注人的生命和幸福，并在长期的演进过程中形成了自己独具特色的饮食养生观。这些饮食养生观直接指导人们的生活实践，也影响和改变信徒的身心状况，潜移默化，发挥着社会和经济作用。比如在现代社会，"见素抱朴""粗茶淡饭"的道教饮食养生文化受到了大众的普遍关注。杭州灵隐寺的"养生素斋"曾吸引了包括姚明在内的众多名人；武当山的道教饮食养生也是风生水起，赢得了市场的青睐。"法轮未转，食轮先转。"佛教饮食是一种独特的文化现象，佛教在饮食问题上奉行中道哲学，既不自苦，也不纵食无度，注重素食养生，节食益寿，戒断烟酒，倡导喝茶，讲究卫生，实行分餐。佛教的素菜、素食、素席闻名遐迩（图4）。参观僧人用膳的斋堂，了解其用膳习惯和过程也是很好的养生体验之选（秦绪霞，2018）。

2.2.6 名人食养之道

古今中外一些年逾"古稀"以至"耄耋"的名人，各有自己的食养之道。他们不仅在具体的技术层面上对食养有值得当代人借鉴的独到之处，而且他们多半是浸淫于传统文化的精英，往往能超越单纯的方法、技巧，从更高的精神层面对食养之道产生独到的认识。

"药王"孙思邈生于西魏，卒于唐代，相传活了100多岁。他曾经明确指出："夫万病横生，年命横天，多由饮食之患。"他倡导饮食要"顺应四时"，提倡"饮食清淡"，强调"五味不可偏食"。

苏东坡也是一位饮食养生家，他在食养方面有理论研究，也在生活中有实践，可供借鉴。比如他在《与李公择书》中说："口腹之欲，何穷之有？每加节俭，亦是惜福延寿之道。"他倡导的"三养"为后世许多养生家所效仿。他还在《苏沈良方·养生记》中说："能淡食而徐饱者，当有大益。吾在黄冈见牧羊者，必驱

表1 药膳种类、可开发产品类型和适用市场

药膳的种类	可开发旅游产品	适用市场
保健类药膳	可作为单独的旅游项目，开展保健游	中老年市场
预防类药膳	辅助性旅游项目，如品尝当地特色药膳	绿色生态旅游市场
康复类药膳	短途康复旅行，秀丽的风景再配以药膳	大病初愈的病人
治疗类药膳	旅游馈赠礼品	所有旅游者

图4 京兆尹素食餐厅之美食　　　　　　徐晓东 / 摄

之瘠土，云草短而有味，羊得细嚼，则肥而无疾。羊犹尔，况人乎？"

陆游是宋代著名爱国诗人，也是一个注重养生保健的人。他的一生屡遭排挤，仕途坎坷，报国大志一直难以实现，竟享年86岁，而且背不驼、腿不颤、耳不聋、眼不花，身体结实，有时还能上山砍柴挑着回来。陆游能如此高寿，与他养生有道是分不开的。陆游常说，吃饭应该"少饱则止，不必尽器"，日常饭菜力主清淡，多吃蔬菜，饮食起居应规律。

此外，乾隆皇帝、康熙皇帝、李渔、孙中山、于右任、毛泽东、邓小平等许多名人都有自己的饮食养生之道。

3 食养旅游产品开发的模式

食养旅游产品开发是一项复杂的、动态的系统工程，让更多的游客通过食养旅游放松精神，恢复健康。

同时，树立个性和品牌，以提升食养旅游整体的知名度和美誉度。

3.1 "单体食养店堂"模式

单体食养店堂有食疗养生主题餐厅、森林主题餐厅、养生药膳餐厅、道家养生主题酒店、养生药酒馆、养生茶馆、红酒养生会所等。其中，养生药酒馆向游客提供和销售不同功能的药酒，游客不仅可以购买加工好的养生药酒，还可以学习泡制药酒的方法、了解配酒的剂量。养生茶馆以"品茶、茶艺鉴赏"为特色服务，以"品质、健康、时尚"为理念，将茶文化的深厚底蕴融入健康饮茶、休闲饮茶之中。红酒养生会所将收藏、鉴赏、休闲、娱乐、销售、商务、培训等功能融于一体，营造"优雅独特"的酒文化氛围。同时还可以增设葡萄酒图书馆、博物馆，借此展览、销售酒具以及相关藏品、书籍、绘

画、纪念品等，举办红酒沙龙，开设红酒课堂，并提供红酒品鉴等服务，带领大家体验葡萄酒文化之旅。

西安首家孙思邈食治养生主题餐厅——千金食治养生餐厅，是一家集"食"与"疗"于一体的新型药膳餐厅，经营理念秉承孙思邈《急备千金要方·千金食治》中的重要思想，所选皆为集"食疗"与"美食"功能于一体的绿色无公害食材，菜品有西洋参烧乳鸽、天麻炖羊肉、白菜蜇皮丝、千金养生汤等，使千年食治文化重新融入现代人的生活。

3.2 "生态餐厅"模式

生态餐厅是指综合运用建筑学、园艺学、生态学等相关学科知识建设而成的拥有绿色、优美、舒适、悠闲、宜人就餐环境的餐厅。生态餐厅一般空间较大，远离闹市区，餐厅内被绿色植物或鲜花分割、装饰，环境幽静，使就餐者有身处世外桃源之感。

在荷兰，阿姆斯特丹郊外有一家名为Restaurant De Kas的餐厅，这是一家货真价实的生态旅游餐厅。餐厅采用全玻璃的外观，使其在阳光灿烂的日子里，显得更为通透明亮。厨房是半开放式的，主要用餐区更是采取无间隔设计。置身于这样一个自由宽敞的空间，一边品尝着美食，一边欣赏着室内外的风景，良好的光线与视觉效果会让人感到无比的惬意。Restaurant De Kas也有自己的温室和农场，那里种植了各式蔬菜、香草和可食花卉。因此，餐厅可以随意摘取蔬

食（同时减少浪费），一般都是在每天日出前摘取，这也保证了顾客能够吃到新鲜有机的蔬食。对于前来就餐的游客而言，享鲜食、观美景已是一大乐事，若是餐后能休憩在芬芳香草园中或游走在嫩绿农作物间更是感到舒适与安逸。如今，Restaurant De Kas的种种优势已为它积攒了好的口碑，使其成为地方上的必访景点，成功地吸引了许多国外观光客。

3.3 "食养小镇"模式

食养小镇是指以"食养"为小镇开发的出发点和归宿点，以食养产业为核心，将食养、休闲、旅游等多元化功能融于一体，形成的生态环境较好的特色小镇。一般有长寿文化基础，自然环境优美，有纯天然生态食材，倡导食养、药养等健康养生的地方，适合开发食养小镇。

千年沙河驿，豆腐美食城。宜宾高县沙河镇旧称"沙河驿"，传承两千年的沙河豆腐，以其香、脆、嫩、鲜、酥、麻、辣、烫等特色，在中国豆腐美食界流传有"北淮安，南沙河"的佳话。沙河镇依托豆腐产业的底蕴和优势，着力突出"全链条"，在发掘豆腐文化价值上做"大"文章，将豆腐产业作为全镇群众增收致富的"第一支柱"，对产业前端、中端、末端进行系统谋划、全面布局，形成多点多向发力格局，着力打造以食物康养为主题的中国豆腐食养小镇。截至目前，沙河镇已规划占地3000亩（2km²）的食养农业产业园，建成万亩优质黄豆基地，产值突破1.5亿元，并有效带动当地农民人均纯收入年均增长10%以上；突出精

深加工增效益，豆腐文化创意园区一期项目和食品加工园区加快推进，发展钟氏豆腐、树芳生态食品等豆制品加工企业20家，加工豆腐乳等产品数十个，带动板鸭、柠檬深加工，年产值突破10亿元；推行"餐饮+旅游"提品质，"沙河豆腐"成功申报为国家地理标志保护产品，培育规模餐饮店60余家、精品名店10家，促进月亮湾水上乐园、上古女娲文化主题景区、上龙民宿村、柠檬康养谷、中国柠檬主题公园等旅游景点景区开发，年吸引游客100万人次，有效推动了特色餐饮和乡村旅游转型升级、创新发展。

3.4 "食养节事"模式

食养节事是指以饮食养生为主题的节事，主要形式包括节日、会议、论坛、贸易展览和产品推介会等。如2017年9月19—22日，"第八届中华养生健康国际论坛"和"健康中国休闲旅游美食养生国际峰会"在四川都江堰召开。本次论坛以"健康——生命之本"为主题，本着"弘扬中华养生文化，致力造福人类健康"的宗旨，各路专家学者畅论"生命之道""养生之术"，为论坛带来了菌养生、茶养生、水养生、药膳养生、食疗养生等多方面的交流体验成果，并借助现场体验及新的养生方式，普及科学养生知识，以此推动养生健康产业发展。

2019年9月8日，第二届中国养生美食文化节在青岛平度市开幕。该届养生美食文化节以"顺时养生·食在平度"为主题，主要包括二十四节气养生美食文化国际论

坛、大泽山葡萄节及美食嘉年华、首届全国养生食材交易会等活动板块。广大游客在赏美景、品美食的同时，可以近距离感受平度底蕴深厚的养生美食文化。作为中国首个养生美食文化之乡和二十四节气的发源地和验证地，目前平度重点建设养生食材生产示范园区、养生食材加工示范园区、养生食材采购示范园区和生态食养旅游示范区，拓展养生美食产业的多种功能，让广大游客"吃在平度""游在平度""养在平度"。

3.5 "食养文化博物馆"模式

将食养文化以科学、艺术的手段进行系统展示。博物馆内可以包含以下内容：以壁画、书稿、器物等展现饮食养生的源流和思想；设立名人馆，展示名人饮食养生事迹及雕塑；建立养生餐厅，传扬饮食养生文化等，游客可在其中观赏茶艺表演、烹饪表演，还可以观看饮食养生文化专题片；出售食养纪念品和商品，如关于食养的书籍、食养讲堂光盘、土特产（各种菌类、山野干菜、河湖干鱼虾、绿色五谷、野生动植物饮品、蜂蜜及相关产品、高品质绿色花茶等）、药酒、养生茶、养生口服液等。

广东省凉茶养生博物馆位于广州经济技术开发区科学城内，于2008年11月投资兴建，馆藏展示分为室内陈列展示厅和室外种植体验区两个部分。室内部分主要包含了"地域·历史""传承·溯源""天人·调和"三大单元，设置了中医及凉茶文化、趣味互动两大主题，共20个展区，能够让参观者从触觉、

视觉、嗅觉多方面认识广东凉茶，享受一场传统与科技并存的岭南凉茶文化之旅。室外芳香园占地约2000m²，名曰"芳香植物园"。园内种植了300多种具有药用价值（凉茶原料）和观赏价值的乔木、灌木和地被植物等。

3.6 "食养旅游园区"模式

食养旅游园区是指在一定的范围内或特定区域内以食养旅游为主要开发内容和目的的现代旅游园区。它是以食养文化旅游资源集聚为基础，同时依托完整的文化旅游产业链和先进的管理体制而形成的。如养生茶园以茶资源为基础，将茶树种植、茶叶加工、茶产品销售、旅游产品开发、旅游市场开拓和旅游服务有机结合起来，打造产业链。结合各项养生活动，开发整

合茶园养生旅游线，构建出茶园与养生完美结合的食养文化休闲旅游景区。如健康食材养生园以养生食材为主题，可以按照春、夏、秋、冬四季循环的规律分为"春生""夏长""秋收"和"冬藏"四个功能区，体现不同季节的健康养生食材，并通过一条环形的主要游线将4个分区串联起来（吕太锋等，2018）。

3.7 "生态景区 + 食养餐馆"模式

在生态景区修建规模较大、养生菜品较为齐全、服务水平较高的养生餐馆，突出有机食品、健康食品特色，推出以食物疗养、养生、补身的养生餐，针对游客所需提供多元化的菜色选择。如可利用一些既是食材又是药材的中草药，对

传统美食进行改革提升，推出药膳养生餐；或是根据四时、节气等情况来选用食材，推出四季养生餐。另外可以根据游客的不同需求，开发不同类型的养生餐饮，如针对肥胖人群，可以研发瘦身养生餐；针对想要塑形美体的女性，可以研发果蔬养生餐；针对高血脂、糖尿病等患者，可以研发无糖低脂的养生餐；针对年长者，可以研发清淡少油的养生餐。最终将食养旅游产品发展成游客来此旅游不可错过的一个重要部分，使游客在游山玩水中领略养生膳食的精髓，同时加强养生美食文化交流。

在台北止汐山里的食养山房（图5），没有菜单，卖的是健康的料理，选用当季食材，搭配造型颇具艺术性的食器，让许多人流连忘返。没有任何大费周章的广告，靠

图5 台湾食养山房　　　　　　　　　　　　　　　　　　徐晓东 / 摄

的是口耳相传的经营方式，走的是融合了东方禅学的风格，没有过度的细致拘谨，低调不张扬（小满生活工会，2018）。

4 食养旅游开发的基本策略

4.1 深入挖掘食养旅游文化内涵

开发食养旅游，首先要对饮食养生文化的内涵有清晰准确的把握，明确饮食养生文化的物质表现和精神表现。对饮食养生文化的分析既要着眼于有形产品的文化开发，又要发掘无形产品的巨大潜力。一些传统的饮食养生方法有一定的局限性，有的甚至还夹杂或隐含一定的欺骗性。为此，对于传统一定要采取辩证的观点，通过"去粗取精，去伪存真"的过程加以"扬弃"，绝不能一味夸大，更不可全盘否定。要在坚持现代饮食科学的基础上，开发效果良好的养生饮食产品（冯玉珠 等，2015）。

4.2 加强食养旅游产品研发

面对多样的食养文化资源，旅游相关部门要加强对产品的研究和开发。一要根据不同的时令季节开发相应的食养旅游产品。"顺应四时，因季而食"既是中国养生文化和饮食文化的重要内容，也是中国哲学"天人合一"思想的具体体现（刘军丽，2014）。食材的选择要尊重自然，不违天时；饮食的制作与组配应以人为本、因季而为，将四季食养文化转化为创新发展动力。二要针对不同年龄段、不同性别、不同体质、不同职业类型的旅游者，制定个性化的食养方案，打造以食养为核心

的旅游产品。"饮食有常，物我相适。"全养生理论要求遵循个体生命生、长、壮、老的规律，进行全阶段"因人制宜"的养生。三要发掘具有当地特色和契合食养理念的人文资源，结合符合主题的创新表现方式，丰富食养旅游产品和项目的广度和厚度，打造享有一定知名度和美誉度的食养馆或食养旅游度假区、食养主题公园等食养旅游景区（点），积极开拓旅游市场，增强食养旅游的竞争力与影响力。

4.3 和其他旅游项目相结合

如今的全域旅游、"旅游+"、产业融合、共享经济等，无不说明融合的重要性，只有融合发展，才能充分利用各种优势创造奇迹。食养旅游本身就是产业融合发展的产物。产业融合也将使食养旅游具备持续的竞争优势。首先，养生在于环境，食养旅游离不开优美的自然环境和人文环境。所以，开发食养旅游要与当地环境相结合，以优美的自然山水环境为依托，建立各类食养场所。其次，食养旅游应与当地的饮食文化相结合，形成特色养生旅游产品。再次，食养旅游要与当地的民俗活动相结合，通过节庆活动扩大食养旅游的影响力。此外，食养旅游可与林业、文化产业、医疗产业、酒店业等相结合，向高层次、多功能、综合性的康养旅游发展。如单就茶养生旅游来说，就可利用森林区的高负氧离子、植物精气等，发展茶疗养生游；结合中国传统的茶文化、茶艺表演等开发独特的茶文化养生游；与医疗产业融合，发展药浴、足疗、茶疗等旅游产品；与酒店业融合发展，发展

茶养生主题酒店等。此外，现在的养生馆，开设的项目主要是经络养生、健康保养、香熏SPA、美容美体、经道养生、按摩养生、中医预防养生、减压放松、针灸减肥、足浴等（陈薇，2018），食养项目并没有得到应有的重视。

4.4 构建食养旅游营销网络体系

现在人们外出旅游，大多还是重视游山玩水，对康养旅游特别是食养旅游并没有足够的认识，所以相关部门应制定更多相应政策和采取有力措施，加强对食养旅游的宣传和推广。

目标客源群体，要由银发群体扩展到孕产妇、中年女性和慢性病人群体。对不同群体进行针对性宣传。在营销媒体上，既要利用广播、电视、报纸、多媒体等传统渠道，也要利用移动互联网、微博、微信等新媒体渠道。通过全媒体营销网络体系，提高大众对食养旅游的感知和认可度，提升食养旅游的知名度，打响食养旅游特色品牌。

5 结语

健康是人类永恒的主题，不仅关系到每一个人的幸福，也与国家的进步与民族的兴衰息息相关。在"健康中国"不断发展的今天，人们的健康意识不断增强，越来越多的人开始注重饮食养生。但在旅游开发中，食养旅游并未得到应有的重视，食养旅游资源缺乏系统性整合，尚未形成品牌性产品，我国现代食养旅游仍处于发展的初级阶段。随着我国国民经济飞速发展，人民生活水平不

断提高，旅游业蓬勃发展，特别是人口老龄化、家庭小型化以及全面二孩政策实施，"旅游+食养"的食养旅游，必将成为新时期旅游业拓展新业态、新体验、新产品、新路径和新模式的重要领域，拥有广阔的发展前景。

基金项目

本研究受2020年度河北省文化艺术科学规划和旅游研究重点项目"河北大运河饮食文化与旅游融合发展研究"资助，项目编号HB20-ZD016。

参考文献

陈薇，2018. 广西河池市巴马养生旅游开发模式比较研究[J]. 全国流通经济（9）：55-56.

冯玉珠，张彦辉，2015. 饮食养生旅游初探[J]. 四川旅游学院学报（3）：57-59.

韩雪，2017. 养生茶文化旅游开发创新初探[J]. 福建茶叶（12）：109.

李复兴，2016. 水与养生[J]. 中国食品（1）：18-19.

刘军丽，2014. 季节饮食养生文化与餐饮业创新发展[J]. 南宁职业技术学院学报（2）：1-4.

吕太锋，郭佩艳，王惠娟，等，2018. 农业会展类展馆景观设计思路探索：以茶山健康食材养生馆为例[J]. 安徽农业科学（24）：88-92.

秦绪霞，2018. 佛教康养旅游资源解析[J]. 烟台南山学院学报（1）：69-72.

任宣羽，2016. 康养旅游内涵解析与发展路径[J]. 旅游学刊（11）：1-4.

王辉，2007. 刍议药膳及其旅游利用价值[J]. 江苏商论（2）：98-99.

小满生活工会，2017. 隐于山中的食养山房[EB/OL]. http://www.sohu.com/a/196942725_99976662，2017-10-09.

谢英彪，2014. 谢英彪50年医验集[M]. 北京：人民军医出版社.

佚名，2009. 探秘世界四大长寿水源地[N]. 健康时报，07-23（03）.

尹铎，吕华鲜，2010. 蒙古族饮食养生旅游开发研究[J]. 边疆经济与文化（6）：6-8.

袁文军，晋孟雨，石美玉，2018. 美食旅游的概念辨析：基于文献综述的思考[J]. 四川旅游学院学报（4）：37-41.

郑四渭，赵云云，2016. 养生旅游：健康旅游的首选[J]. 江苏商论（6）：101-103.

周珍，谢雯，2011. 养生旅游与全球化：一个概念框架（下）[N]. 中国旅游报，12-28（011）.

康养类非物质文化遗产旅游开发研究：以藏医药浴法为例

Developing Intangible Cultural Heritage as Wellness Tourism Products: A Case of Zang Medicated Dip

文 / 李江敏　赵青青　魏雨楠

【摘　要】

康养旅游作为新的旅游业态，不仅能满足旅游者在旅游过程中的一般休闲娱乐需求，也能实现旅游者对健康和养生保健的追求。中医药因其独特的养生康养、保健修复效果受到国内外的追捧。其中，藏药作为我国中医药浓墨重彩的一部分，因独特的医药体系，具有不可估量的康养价值。2018年11月，藏医药浴法申报世界非物质文化遗产成功，藏药和中医药浴再一次进入大众的视线。从旅游的角度出发，将藏药中独特的治疗方法与康养旅游结合在一起，具有天然的优势与合理的架构。以藏药的文化内涵丰富康养旅游的体验体系，融旅游、文化、康养保健于一体，更符合人们对美好生活的期待与想象，使康养旅游更具吸引力。

【关键词】

康养旅游；非物质文化遗产；藏医药浴法；旅游开发

【作者简介】

李江敏　中国地质大学（武汉）经济管理学院旅游管理系教授
赵青青　中国地质大学（武汉）经济管理学院旅游管理系硕士研究生
魏雨楠　中国地质大学（武汉）经济管理学院旅游管理系硕士研究生

1 引言

随着现代化节奏的加快和工作压力、生活压力的不断增强，人们渴望拥有健康的身体和饱满的精神，不断追求高品质的美好生活，康养旅游应运而生。2016年1月，国家颁布了《国家康养旅游示范基地》LB/T 051-2016，在标准中确定了首批"国家康养旅游示范基地"，并将康养旅游定义为通过养颜健体、营养膳食、修心养性、关爱环境等各种手段（图1），使人在身体、心智和精神上都能达到自然和谐优良状态的各种旅游活动的总和。康养旅游满足了国民对健康养生的多元化需求，获得了亚健康人群、银发市场以及追求品质生活人群的认同，成为新的旅游方式。

2 康养旅游研究进展

康养旅游在我国发展起步晚，时间相对较短，但随着政府的重视和社会的关注，康养旅游的研究热度不断增高。2021年12月，笔者以"康养旅游"为主题在中国知网学术期刊数据库中进行检索。从历年发表的文献数量可以看出：随着康养旅游获正式确立以及两个国家级康养产业发展试验区形成，国内康养旅游的论文数量明显增加，学术界的关注程度逐年上升（图2）。

学术界对康养旅游的概念还没有明确的定义。王赵（2009）将其定义为以延年益寿、强身健体、修身养性、医疗、复健等为目的的旅游活动；任宣羽（2016）在总结其他学者经验的基础上，将康养旅游看作专项度假旅游，以旅游的形式促进游客身心健康，增强游客的快乐感，从而使其感到幸福。各种界定角度虽有所不同，但都强调养身、养心、健康的功能和目的；同时，康养旅游的概念描述与良好的生态环境、人文环境等词汇密不可分（李梓雯 等，2017；叶宇 等，2018）。

在康养旅游的产品研究上，丛丽、张玉钧（2016）认为康养旅游的产业模式既是市场问题，也是理论问题，从而提出了"森林康养"市场理论指导体系；李济任（2018）在分析森林康养旅游影响因素的基础上，从康养旅游价值、环境价值和开发建设价值三个层面，采用层次分析法构建了森林康养旅游评价指标体系；干永和（2017）在问卷调查的基础上探讨了中医药康养旅游产品的开发方向和策略；戴金霞（2017）构建了常州康养旅游产品体系，具体包括特色医疗旅游产品、养生养老旅游产品、文化养生旅游产品、运动健体旅游产品、生态休闲旅游产品和健康美食旅游产品。

在产品开发策略的研究上，祝向波（2017）从资源的角度出发，建立了康养旅游资源开发的"七度评价体系"，并论述了以"气候舒适

图1 食养山房美食　　　　　　徐晓东/摄

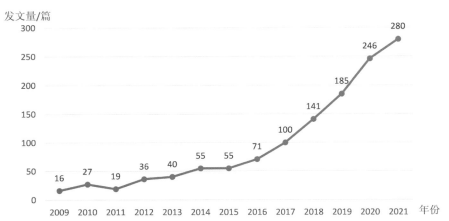

图2 康养旅游主题研究文献数量

图3 四川峨眉山大佛禅院全景

度"为主导的康养旅游资源开发策略；李仲先（2015）基于阳光康养的现状和未来发展进行分析，强调了旅游资源转型中依法治旅的重要性；赖启航（2016）以旅游产业集群理论为指导，分析了攀枝花康养旅游产业集群发展存在的问题，并提出了相应的策略。

在康养旅游与优秀文化结合的研究上，宁晓梅（2018）以峨眉山为例挖掘佛教文化中的康养文化（图3），通过市场调查对峨眉山佛教康养旅游市场进行细分，提出了佛教康养旅游的开发策略；何莽（2017）认为康养旅游需求属于较高层级的需求，康养旅游小镇选址除关注自然条件适宜、中医特色医疗和康体设施建设之外，最重要的是围绕客源市场的民风习俗，培育认同康养的文化氛围和社交活动；葛幸幸、周金金（2018）以儒、道、释三家文化为例对现代康养旅游观与我国传统文化的契合情况进行了研究，认为三家文化在基础理念、内涵丰富度、文化发展上充盈了康养旅游文化理念表达。综合而言，康养旅游与文化结

合的研究尚显缺乏，尤其是非物质文化遗产中的康养旅游价值在旅游发展中没有得到充分的体现。

3 藏医药浴法的非遗特色与影响

3.1 特色鲜明的藏医药文化

藏医药浴法是我国藏族人民有关生命健康和疾病防治的知识与实践，与藏族的天文历算、自然博物、仪式信仰、行为规范等传统知识密切相关，也交织融合在藏族神话传说、史诗、戏剧、雕刻等文化形式中（诺布旺丹，2018），藏医药浴法与藏族文化在藏族人民漫长的社会发展中相辅相成、相互依存，见证了藏族人民生活发展、演化的轨迹及其辉煌的成就。2018年11月，藏医药浴法被列入联合国教科文组织人类非物质文化遗产代表作名录。藏医药浴康养旅游的开发既展示了藏族医药文化，增进了国民对藏医药浴非遗项目的了解和认同，也成为国民了解神秘的藏族文化的一个重要窗口。

3.2 "道法自然"的生命观

世界非遗委员会在决议中指出，藏医药浴法遗产项目"凸显了有关自然界和宇宙的传统知识的重要性，提供了人类与环境间可持续关系的积极例证"。藏医认为人生病的原因在于受环境、气候和饮食起居的影响及体内三大因素的失调（谢宝安等，2008），这是对人所处的自然环境和身体内在环境平衡的重视。藏医药浴法中水浴和敷浴所用药材都是自然的产物，以自然的产物治疗人体的失衡，体现了对自然的顺应以及国人"道法自然"的生命观，与时下绿色、和谐的发展理念不谋而合。藏医药浴法蕴含的生命观为国人种下了向往健康和谐、渴望休闲养生的文化基因，有利于矫正现代都市生活方式的异化和扭曲，为非遗康养旅游的开发提供了可能。

3.3 健康养生的文化内涵

现代人所渴望的健康生活就是要追求健康的身体和愉悦的心情，藏医药浴法作为藏医药治疗方式之一，承接了中医药学天人合一的理念，强

调人与自然、宇宙的协调统一，具有健康养生的文化内涵。都市生活压力的增加和民众自我保健意识的提高使人们的心态从重视治疗向重视预防转变，藏医药浴健康养生的文化内涵和极强的预防、治疗、康复效果可以满足都市人群的康养需求，同时，藏医药浴的操作方法简单易行，譬如水浴疗法，是将全身或部分肢体浸泡于药物煮熬的水汁中，可以达到祛风散寒、化瘀活络的治疗目的（娜荷雅等，2013）。

4 藏医药浴法与现代康养旅游的关系

4.1 国民健康现状及康养旅游发展前景

4.1.1 国民康养现状

由光华博思特消费数据中心公布的《2018年健康大数据：中国国民健康与营养大数据报告》显示：我国76%的白领处于亚健康状态，存在过劳死危险的国人占比高达70%，我国22%的中年人死于心脑血管疾病等，真正意义上的健康人比例不足3%。同时，血脂异常者有1.6亿，患高血压者多达2.7亿，超重肥胖者达2亿。慢性病以86%的死亡率，已经成为影响国民生命健康的致命因素。疾病年轻化的现象也越来越明显，年轻群体患病和死亡率逐年提高，国人的健康情况不容乐观。

4.1.2 康养旅游市场分析

《今日头条》与《生命时报》联合发布的"2018算数·健康"大数据显示：90后养生正成为趋势，失眠、脱发成为年轻一代的烦恼，健康、美体、美容是90后的内在需求。随着疾病年轻化和青年一代思想的转变，年轻一代更加注重生活的品质，越来越关注养生保健。

人体机能随着年龄的增长逐渐衰退，所以老年群体对健康的关注度更高。根据国家卫健委发布的2020年度国家老龄事业发展公报：截至2020年11月1日零时，全国60周岁及以上老年人口26402万，占总人口的18.70%；65周岁及以上老年人口将突破2.1亿，我国成为老年型国家，旅游将成为老年群体寻求健康的重要方式之一，康养旅游市场发展形势大好。

综上，无论年轻还是年老，基于现实以及国民对健康美好生活的追求，康养旅游在我国拥有良好的发展前景。而藏医药浴法拥有独特的文化价值和影响力，与康养旅游融合发展，可以为康养旅游注入新的活力，增加康养旅游的文化魅力和受关注度，成为激发消费者产生旅游动机的刺激点。

4.2 藏医药浴法的康养旅游价值

藏医是吸收中医学、古印度医学、古阿拉伯医学等医学之长，由藏族人民逐步积累、完善形成的传统医学体系（孙天胜，2012），和苗医药、蒙医药、维吾尔医药等都属于民族医药，是我国中医药的重要组成部分。藏医药浴是藏医体系中一种独特的内病外治的治疗方法，与我们传统认知中的中医药康养治疗方法既相互关联又有明显差异（李良松，2016），是极地藏民对生命健康知识和实践的积累，有明显区别于传统

中医康养的独特魅力，藏医药文化具有发展康养旅游的传统优势和深厚资源。

藏医药浴法是藏医药中特色突出的治疗方法，其康体养生思想和传统中医药养生理念在本质上一致，均讲究"以人为本"的思想。而藏医药浴区别于传统中医疗法，其魅力在于背后蕴含的独特的药材价值、文化价值和治疗效果。藏医药浴的原材料取自藏区，纯天然、无污染（图4），严格的炮制加工程序，使药材本身就区别于一般的中草药。药浴来源于沐浴，在药浴体验过程中接触藏族沐浴节、浴佛、诵经等习俗，学习藏族文化，探究藏族对生命、对自然的解读，在增进多民族团结和谐上有着传统中医药康养体验活动无可比拟的优势。藏医药浴和传统中医药一样，康体养生价值明显，但藏医药浴对风湿病、皮肤病、神经性疾病有独特的疗效，有更为突出的康养特色，是患有风湿类疾病游客的更好的选择。藏医药浴非遗旅游是基于国民健康水平低下，满足康养旅游市场对健康、养生、文化的综合需求的建设性开发，有助于提升国民的健康水平和幸福感，也是对康养旅游内容的丰富，对非遗文化的活态传承。

4.3 申遗成功是提升康养旅游品质的契机

藏医药浴法作为藏医治疗的一种方法，与康养旅游发展的密切关系不言而喻，藏医药浴法申遗成功对康养旅游发展无疑是一个绝佳机会。申遗成功后，民众对藏药甚至中医药的重视程度提升。文化

图4 西藏天然无污染的自然风光

和旅游部领导并联合各部门共同制定了《藏医药浴法五年保护计划（2019—2023）》，体现了对藏医药浴法的重视和保护。藏医药浴法有深厚的中医药价值，使旅游者在旅游过程中实现了对文化和康体养生价值的追求。所以发展康养旅游、开发藏药康养旅游的体验产品是保护藏医药浴法这一非物质文化遗产的有效途径，而藏医药浴法申遗成功所带来的关注度也便于藏药文化在康养旅游中得到拓展运用，有利于

康养旅游的营销和推广，这也成为提升康养旅游品质的契机。

4.4 藏医药浴可以丰富康养旅游体验方式

藏医药浴法是藏族人民从藏医药浴实践中总结出来的。藏医药浴是藏医内病外治的方法之一，见效快且无副作用，具有廉、简、便、易的特点（西珠嘉措，2013），能消除疾病、增强生命活力，延年益寿。打造旅游产品可依据藏医药浴不同

的治疗效果，为游客提供不同的旅游体验。如养生保健体验，为旅游者放松身心、增进健康而设计；藏族的医药文化与藏族其他文化相依相随，在旅游体验中可以为游客设计充满藏族特色的养生音乐体验、芳香理疗等体验活动，使游客纾解压力、放松身心；发挥中药浴的功能，通过药浴达到预防和治疗疾病的目的，药浴包括全身浴、坐浴、足浴等；女性游客对减肥、瘦身、美容养颜、调理身体有更多的关注，可发

图片来源：摄图网

挥藏药在减肥、美容上的价值，为女性游客提供个性化的美容保健类体验产品。

藏医药浴的衍生价值同样不可忽略，借助藏族自然资源和人文资源开展相应的观光与文化体验活动，让旅游者在体验中感受藏族文化、认识中草药，在旅游中加深对藏医药浴的了解。旅游纪念品和药浴特色产品开发可供旅游者购买自用或赠予亲朋好友，全方位满足旅游者的消费需求。

5 藏医药浴康养旅游开发对策

5.1 开发现状

5.1.1 体验方式单一，内涵挖掘不够

藏医药浴法作为传统的医疗手段，在藏族地区有着深厚的群众基础，申遗成功后，得到了世界各地人民的关注，医疗价值和文化价值得到了肯定，藏医药浴的旅游应用前景十分可观。但现实中药浴旅游开发存在内涵挖掘不足，文化价值受忽视、体验方式单一的现象，如拉萨市每年举办的"宇妥沟藏医药养生"深度体验活动，有藏医药（浴、油、理疗）养生、特色温泉浴、寻访药王故居、民间藏戏表演等活动，每年都有涉及藏医药浴或藏医药油的体验活动，但藏医药浴周边产品开发滞后，对藏药浴文化内涵挖掘不足，对药浴的机理不甚了解，药浴背后所蕴含的独特藏族医药文化被忽视，不能发挥藏医药浴法作为藏族医药非物质文化遗产的独特价值。

5.1.2 缺乏专业人才的引导，行业规范缺失

国内养生旅游研究火热，但相关的理论基础研究不足，尤其是非物质文化遗产的康养旅游研究处于空白状态。藏医药浴旅游实践则面临着人才缺失的局面，藏医药浴作为少数民族医药，对大众旅游市场来说依然蒙着一层神秘的面纱，急需兼具藏医药知识和旅游行业知识的复合型人才的引导，建立专业的导游和服务团队，提高服务水平，制定行业规范。目前由相关医院引领藏医药浴及藏药康养旅游发展，虽设立了藏医药文化展示厅，还设计了

便于旅游者携带的藏医药浴包，在旅游者体验之余可作为旅游纪念品购买，但仍面临缺少旅游专业团队运营的窘境，这导致服务水平不高、产品质量低下，降低了游客满意度和重游率。

5.1.3 宣传力度小，市场认知度低

我国人口以汉族为主，对少数民族习俗和少数民族医药文化认知有限。藏医院大多位于西藏、青海、四川等少数民族聚居地区，地理位置偏远，海拔较高，可达性较差。藏医药浴及藏药缺乏切实有效的宣传方式，也使得大众市场对藏医药浴及藏医的认知程度低，存在认知上的偏差，不仅不了解药浴的功效和治疗优势，也不清楚藏医药浴作为国家级非物质文化遗产背后优秀的藏族文化。

5.2 开发对策

5.2.1 细分市场，有针对性地开发

对于康养旅游产品的功能，不同年龄层次以及不同性别群体有不同的需求，旅游者会根据自己的现实需求对旅游产品提出不同的要求，比如年轻人关注脱发、失眠、焦虑的问题，老年人更关注关节、血压、心脏等的问题；相比男性，女性旅游意识强且更加关注康养的话题，关注点侧重于美容养颜、排毒瘦身等。因此，非遗康养旅游在开发时可以市场为导向，了解不同人群的需求，结合相关旅游活动，开发有针对性、多层次的康养旅游产品，满足旅游者个性化和多样化的需求。

非遗康养旅游也可依据自身资源特性对市场进行细分，判断资源特性对应的消费群体，锁定自己的目

标市场,如青年市场、中年市场、老年市场,或男性市场、女性市场,扩大目标市场的占有率。

5.2.2 保护非遗精髓,挖掘文化内涵

非物质文化遗产作为人类优秀文化的代表,传承和保护是最终目的,而非物质文化遗产作为旅游资源,因其无形性的特征,在旅游开发中无可避免地要借助现代化的技术,这常常会引起学术界对其原真性的思考。开发康养类非物质文化遗产旅游产品,既要注重对文化内涵的挖掘,也要履行非物质文化遗产保护的责任,避免对文化原真性造成破坏。以藏药浴为例,藏医药浴法作为康养旅游资源,在旅游开发中不仅要考虑其无形性的特征,更因为藏药是我国的民族医药,有自身独特的医疗体系和特色,而且其运用与人体健康有关,在开发中应该保持藏族医药的特色,不可因盲目迎合市场而与刮痧、足疗等混为一谈,从而失去其文化价值、中医药价值、社会价值等。

5.2.3 突出非遗康养特色,培养专业人才

旅游者参与到非遗康养旅游中,不仅希望得到文化旅游带来的观光与文化体验,他们更期望得到修身养性、康养保健的效果,这使得非遗康养不同于一般文化旅游带来的休闲与文化体验,更有别于走马观花式的传统旅游。开发非遗康养旅游产品时,若要满足旅游者的核心需求,就必须充分发挥资源的特色,提升产品质量,提高服务水平。这就凸显了非遗传承人的重要性,康养类非遗体验产品不同于一般康养旅游,非遗的特殊性使得核心产品和

技艺的展示离不开非遗传承人,非遗传承人的加入可拓展康养产品维度,提高产品质量。

藏医药浴康养旅游依据其资源特色优化旅游体验,并为康养旅游体验注入藏族的文化内涵,满足旅游者在非遗康养旅游过程中对康养保健和文化体验的双重需求。藏医药浴康养旅游在本质上与中医药康养旅游相同,旅游产品和体验的保障主要来自高质量的医师服务和对藏族中药材的严格把控,要加强对非遗服务人员的专业培训和考核,提升有形产品和无形服务的质量标准。

5.2.4 加强营销和推广,提高社会认知

康养旅游作为一种新兴的旅游形式,学界没有统一的概念,旅游者对此也缺乏认识,而且社会对非物质文化遗产价值的关注一般集中于文化价值、艺术价值、精神价值、经济价值,对非物质文化遗产的康养价值并不熟悉,因而要针对非遗康养旅游开展营销,提高社会认知是非常有必要的。

康养旅游老年市场在营销方式上要兼顾传统宣传方式和现代的新媒体宣传方式。老年消费群体更多以报纸、电视获取信息,青年一代则以微信、微博、短视频APP获取信息,其中,短视频是时下最好的传播方式,非遗康养可以借助申遗的热点和有趣的话题制作短视频,达到快速传播的目的,这是非遗作为传统文化精髓独有的宣传优势。在宣传推广中,可以通过康养价值突出非遗康养旅游的文化魅力,在文化魅力中强调康养功能,体现产品的特色,抓住消费者的眼球;也可利用相关康养产品,联合营销,

藏医药浴可利用温泉疗养的便捷开展体验活动。温泉疗养在当下旅游市场有更高的社会认同度,在温泉疗养中融入藏医药浴可以充实康养旅游文化内涵,丰富旅游产品体系,也可提高非遗类康养旅游产品的社会认知度。

6 结语

非物质文化遗产作为我国优秀的传统文化,对我们的文化理念和价值取向具有引导作用,是值得深入挖掘开发的文化旅游资源。如何将具有康养价值的非物质文化遗产与康养旅游的开发与拓展结合起来,把非物质文化遗产承载的康体养生文化重新捡拾、呈现出来,并将其所蕴含的天人合一、休闲养生理念外显转化为令人耳目一新的旅游产品,不断丰富康养旅游产品体系,提高康养旅游品质,是未来我们发展康养旅游的方向,也是追求美好生活的实践。

基金项目

教育部人文社科规划基金项目(19YJAZH046),湖北省技术创新专项软科学项目(2019ADC153)。

参考文献

丛丽,张玉钧,2016.对森林康养旅游科学性研究的思考[J].旅游学刊,31(11):6-8.

戴金霞,2017.常州市康养旅游产品开发与产业发展

对策研究［D］.南京：南京师范大学.

干永和，2017.基于消费者偏好的中医药康养旅游产品开发策略研究［D］.北京：北京中医药大学.

何莽，2017．基于需求导向的康养旅游特色小镇建设研究［J］.北京联合大学学报（人文社会科学版），15（2）：41-47.

葛幸幸，周金金，2018．康养旅游观与中国传统文化契合研究：以儒、道、佛三家文化为例［J］.绿色科技（15）：254-257.

娜荷雅，包哈申，2013．蒙医传统五疗法简述［J］.中国民族民间医药，22（2）：4.

李济任，许东，2018.森林康养旅游评价指标体系构建研究［J］.林业经济，40（3）:28-34.

李梓雯，彭璐铭，2017．依托国家森林公园发展森林康养旅游的探讨：以浙江雁荡山国家森林公园为例［J］.林产工业，44（11）：56-59.

李仲先，2015.加强攀枝花阳光康养软环境建设的对策研究［J］.攀枝花学院学报，32（4）：8-11.

李良松，2016．论中医与藏医在文化要素上的交集［J］.世界中西医结合杂志，11（1）：1-5,113.

赖启航，2016.攀枝花康养旅游产业集群发展初探［J］.攀枝花学院学报，233（6）：6-9.

宁晓梅，2018.宗教文化的康养旅游开发研究［D］.成都：四川师范大学.

任宣羽，2016．康养旅游：内涵解析与发展路径［J］.旅游学刊，31（11）：1-4.

诺布旺丹，2018．藏医药浴法:极地生命健康的知识与实践［N］.中国文化报，12-11（8）.

孙天胜，2012．藏医药与旅游［J］.中国民族，（7）：36-37.

王赵，2009．国际旅游岛:海南要开好康养游这个"方子"［J］.今日海南（12）:12.

谢宝安，拥英，2008．独具特色的自然疗法:藏医药浴［J］.中国民族医药杂志，14（1）：20-21.

西珠嘉措，2013．浅析藏医药浴疗法用于养生保健［J］.中国藏学（3）:185-187.

叶宇，陈思宇，等，2018．国内康养旅游研究综述［J］.旅游纵览（2）:29.

祝向波，2017.攀枝花市康养旅游资源评价与开发研究［D］.成都：成都理工大学.

养老社区的规划设计与管理运营：以青岛藏马山颐养社区为例

The Planning, Design and Management of Retirement Communities: A Case of Cangmashan Elder-Caring Community in Qingdao

文 / 李宗强

【摘　要】

目前，中国人口老龄化增速世界第一，养老服务的定位也开始从福利性事业向市场化产业方向转变，预计到2025年，我国60岁以上人口将达到3亿，我国成为超老年型国家。随着我国中产阶级规模的扩大和人均收入的提高，及"少子化""空巢化"程度的提高，未来我国高端社区的养老需求或将释放。如何合理地为老年人规划养老社区和提供优质的服务，并对社区老年人公共活动空间进行合理的布局，解决老人和子女在医疗方面的后顾之忧，成为焦点问题。青岛藏马山颐养社区对"家庭度假式养老"进行了积极的探索，本文从规划设计和运营管理方面解读该案例，提供一种可供参考借鉴的社会化、市场化、产业化的家庭度假式养老模式。

【关键词】

藏马山；老年社区；规划；管理

【作者简介】

李宗强　青岛宗土景观设计咨询有限公司中级园林工程师

1 引言

我国人口老龄化日益严重，截至目前，我国60岁以上老年人口超2.6亿，是世界上唯一一个老年人口过2亿的国家。随着我国经济的日益发展，老年人的生活质量越来越受重视，同时老年人对养老社区的接受度也逐渐提高，因此，我国对养老社区的需求日益增加。

老年人住宅大致分为社区式照顾老人型住宅、机构式照顾老人型住宅和居家式照顾老人型住宅三类。其中，社区式照顾老人型住宅也称养老社区，它主要由政府、非政府组织以及其他机构共同为老年人设立，是集合了居住、餐饮、医疗、娱乐、文化、学习等各种功能的养老场所。

目前，国内的养老社区开发主要有六大主流模式：

隔代亲情社区开发模式，即年轻人与健康老人混合的社区。如北京太阳城、杭州绿城蓝庭社区、杭州万科良渚文化村等。

持续照料退休（CCRC）模式，主要为全方位服务于退休后老年群体生活的社区。如美国太阳城、三亚海棠湾国际养生社区等。

会员制医养综合体模式，针对全部持有型的养老物业，押金制和会员制是国内可行的盈利模式，押金制是销售物业的使用权，会员享受的是定制的服务。如北京太阳城水岸香舍、天津宝坻云杉镇、上海亲和源、青岛新华锦等。

养生目的地开发模式，即依托优质的旅游度假资源构建的复合型养生养老度假体系。这种模式针对具有养生意识的中高端家庭，盈利模式则是"持有核心设施+物业销售+会员销售"，将养生养老服务和产权度假、分时度假结合。如上海亲和源在海南、东北试水的度假养老项目。

乡居养老模式，是结合新农村建设对农村闲置房屋进行适老化升级改造开发的一种养老模式。如崇明岛农家养老和浙江天目山农家养老等项目。

保险挂钩式养老地产模式，将商业寿险和养老地产与养老服务捆绑，是一种保险企业介入养老地产的模式。如泰康养老社区、合众养老社区和新华养老社区等。

青岛藏马山颐养社区坐落于青岛藏马山旅游度假区AAAA级景区里的融创阿朵小镇内，主要结合了养生目的地开发模式和持续照料退休社区模式，立足青岛、辐射山东、面向全国，为老年人群提供高质量的退休生活服务体验。

养生目的型养老社区通常存在以下缺点：一是距离市区有一定的距离，老人及其家人对其医疗条件考虑较多；二是居住人口以老年人为主，社区活力不足；三是前期专业养老运营团队介入较晚，投资商实力不足以开发大型项目，规划设计机构不够专业等，导致有些项目开发的养老产品不能满足老年人的生活需求等。青岛藏马山颐养社区在这些方面都尽可能采取了弥补的措施。

2 项目背景篇

2.1 宏观背景分析

中国正快速步入老龄化社会，2020年，中国60周岁及以上老年人口达到2.64亿，老龄化水平达到18.7%。预计到2050年，中国的老年人口总量将超过4亿，老龄化水平将超过30%。现在中国政府高度重视并力求解决人口老龄化问题，积极发展老龄事业，初步形成了政府主导、社会参与、全民关怀的发展老龄事业的工作格局。

2016年《"健康中国2030"规划纲要》出台，明确提出要积极促进健康与养老、旅游、互联网、健身休闲、食品融合，催生健康新产业、新业态、新模式。

2019年11月，中共中央、国务院印发了《国家积极应对人口老龄化中长期规划》（下文简称《规划》），《规划》指出，将健全以居家为基础、社区为依托、机构充分发展、医养有机结合的多层次养老服务体系，多渠道、多领域扩大适老产品和服务供给，提升产品和服务质量。

2.2 市场前景分析

世界著名经济学家保罗·比尔兹在《财富第五波》一书中将健康产业称为继IT产业之后的全球"财富第五波"，向人们展示了即将到来的健康产业财富浪潮。预计2030年中国健康服务业总规模将达16万亿元。山东作为人口大省和经济大省，"老年市场"也大有可为。

2008年，青岛隆海集团负责对藏马山进行前期整体规划和开发；2017年，融创中国正式入驻控股合作开发藏马山。而藏马山在青岛加速西进的潮流中正迎头进发——自然资源优势明显，政策备受重视，交通优势明显，规划精心布局，为自身的发展奠定了良好基础。

2.3 资源优势

藏马山位于古镇口湾西，相传有白马掠秦始皇不死灵药隐入深山，故得名藏马山。藏马山脉蜿蜒30km，海拔395.2m，植被丰富，森林覆盖率达76%，空气质量常年保持1级标准，负氧离子含量高达12000个/cm³，拥有水瀑、溪流、山涧、山泉等水系70多处，水资源丰沛，且有丹溪温泉发自山中，洞天福地也不过如此。藏马山靠海而不近海，海洋性气候温润而潮湿，特别适合北方老年人群生活。

2.4 区位优势

藏马山国际旅游度假区位于美丽的滨海城市青岛的西海岸新区（国家第九个国家级新区），新区位于京津冀都市圈和长江三角洲地区紧密联系的中间地带，是沿黄河流域主要出海通道和亚欧大陆桥东部重要端点，具有辐射内陆、连通南北、面向太平洋的战略区位优势。从藏马山到日照、青岛、潍坊等地均在一个小时车程内。

2.5 青岛地区养老社区现状

青岛作为旅游城市，拥有"红瓦绿树、碧海蓝天"的优美环境，气候宜人，是北方一个重要的养生度假目的地，拥有较为完善的养老服务体系，有很多传统的养老机构，各种模式的养老社区在青岛都能找到实际的落地案例。青岛养老产业虽然发展迅速，但很多项目与市场需求并不匹配。

一是一些养老机构一床难求，而一些社会化的养老机构空床率高，没有与当地老人的实际需求和经济状况等对应。

二是选址与配套设施不符合实际，尤其是一些在远郊和风景区投资建设的大型养老社区，距离城市1个小时以上车程，虽然风景秀丽，土地资源充足，但是周边的配套设施不足，缺乏医疗或生活设施，也不方便子女探望。

三是硬件设施和运营需求不匹配。部分项目对规划设计、建筑设计与运营管理不够重视，运营团队介入普遍较晚。

2.6 SWOT分析

优势（strengths）：藏马山养老社区区位优势明显，距离青岛、日照、诸城均为1小时车程。自然环境好，素有"东有崂山、西有藏马"之称。开发企业融创与隆海实力强，与专业机构合作机制好，整合了最好的服务和医疗资源，周边农民也能广泛受益。

劣势（weaknesses）：藏马山下陡崖子水库为西海岸水源地，保护级别较高。藏马山植被较单一，林相不是非常丰富。距离城区有一定距离，不是成熟的养老社区，需要投入宣传，增加市场热度。

机遇（opprtunities）：国内养老气候蔚然形成，养老产业和健康产业是中国未来30年必然要大力发展的产业。

挑战（threats）：西海岸城区更加靠近小珠山和大珠山，发展养老社区的机会也已成熟，唯一的牵制便是没有大面积可供开发的土地，需要做大量拆迁、改造、搬迁及安置等工作，才能置换出适合发展的土地。

通过SWOT分析，能够看出藏马山颐养社区在区位、环境和机制等方面有较大优势，有很大的发展空间。如果将医疗提升到同类产品中至高水准，必将让老年人住得更加舒心，子女更加放心。

3 项目规划篇

青岛藏马山旅游度假区总规划面积约32km²，在项目立项、实施建设和运营管理的过程中，先后聘请了大地风景文旅集团、美国MCM集团、上海市政设计院、深圳艾肯集团、成都来也、上海东方园林集团、克尔瑞集团、上海同济、北京华英、青岛瑞都等国内外知名规划设计机构，对项目进行策划定位和规划设计等，最终将项目定位为主打养生文化、休闲度假的度假区，将藏马山建设成省级乡村旅游度假区、国际型养生养老度假区和中国特色旅游小镇的新坐标。

3.1 规划范围

规划场地范围南至陡崖子水库边缘，东至沈海高速公路，西北至藏马山山脊，总面积约32.06km²，其中包括张家楼镇用地4.18km²、藏南镇用地27.15km²、大村镇用地0.73km²。

3.2 规划定位

规划定位：田园藏马静心谷·生态康养山水城。把藏马山打造为具有国际品质的山水田园旅游度假胜地，把藏马山旅游度假区先行启动区建设为以旅促产、以产带城、产城融合的多功能复合新市镇。

3.3 人口规模与建设规模

规划区内包括居住人口约15万。规划总用地面积32.06km²（图1），建设用地面积20.75km²。规划总建筑面积1948.05万m²，平均容积率0.94。

3.4 规划布局

藏马山的功能定位为以休闲度假、生态康养为主题，集中高端旅游度假、高标准生态康养、高品质生态居住等功能于一体的交通条件便利、配套设施完备的山水田园旅游度假胜地。

藏马山旅游度假区的总体结构为"一核、双心、一廊、四带、七区"（图2）。"一核"：度假区娱乐核心，主要包括以餐饮、文娱、休闲、民俗为重要功能的旅游中心，为藏马山主要旅游度假中心。"双心"：旅游服务中心，主要包括美食、酒店、娱乐等旅游服务功能，提高旅游服务效率；商业活力中心，主要包括以购物、金融、会展、康体为主要功能的综合性服务中心。"一廊"：生态绿廊，依托藏马山山体生态绿屏，结合开城路及大型公园绿地与南侧水体环境，形成生态绿廊。"四带"：四条水系景观带，以基地内水系为核心，形成滨水发展带，也是基地的景观和休闲廊道。"七区"：旅游核心区、配套服务区、活力商业区、度假颐养区、健康医养示范区、科技产业区、活力宜居区。

4 产品设计篇

融创阿朵小镇于青岛藏马山旅游度假区自然环境中，升华东方生活美学，倾力打造集田园牧歌、生态藏马、隐逸度假、影视旅游、归心旅居、金色康养于一体的复合型、高品质文旅小镇标杆，进行文旅产业布局，整体构建以隐逸闲居的生活体验为核心，以高端旅居度假为特色，以山水空间营造为亮点的阿朵式归心美好生活。

整个阿朵小镇集住宅、酒店、滑雪场、游乐场、农庄、美术馆、医

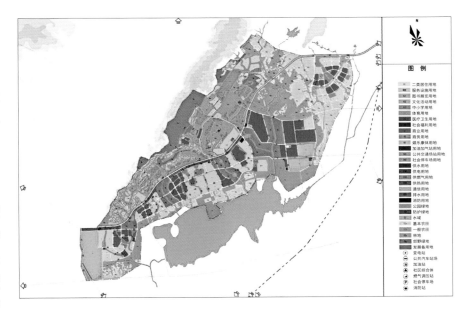

图1 藏马山旅游度假区土地利用规划图 　　　　　　　　**图片来源：青岛西海岸新区官网**

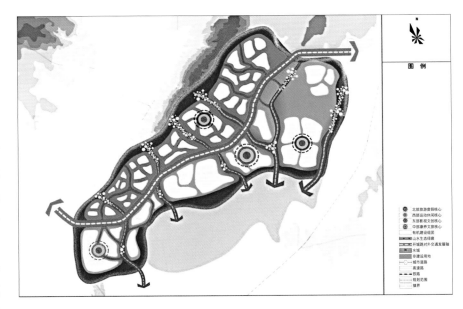

图2 藏马山旅游度假区空间结构规划图 　　　　　　　　**图片来源：青岛西海岸新区官网**

养中心、养老社区、温泉等于一体，并配套有千禧谷、萌宠乐园、云茗餐厅、东方合院民宿、森林公园、汽车营地等旅游度假业态，这些项目共同构建起一个养生养老、旅游度假综合体（图3）。

藏马山颐养社区依托ＡＡＡＡ级景区藏马山旅游度假区，嵌入融创阿朵小镇内，占地113亩（约7.5hm²），总建筑面积6.4万m²，包含10栋洋房形式的老年公寓、31套乐养合院、1栋认知症专业康复护理中心、1万m²的老年文娱生活服务中心以及500m²的社区专属医疗中心（图4）。能容纳约1000位老年人在这里生活居住，同时还能提供全套生活、娱乐、健康等配套服务设施。

4.1 活力型老年公寓

活力型老年公寓总建筑面积约5万m²，为有活力的老年人及其家庭提供丰富的文娱生活和周全的养老保障。老年公寓居室内全部采用专业适老化精装修，配有适老化的家具、家电及软装，解决入住长者的后顾之忧。

4.2 护理型养老机构

护理型养老机构总建筑面积约4000m²，设有单人间、双人间和三人间等居住空间，共计约100张床位。同时配有专业的康复护理团队，

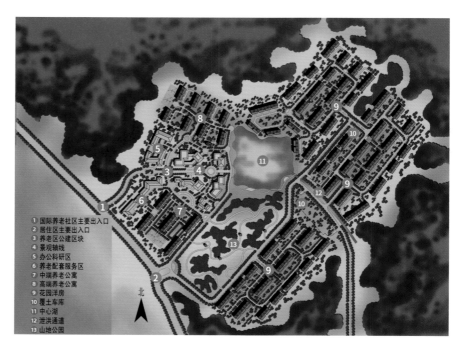

图3 养老社区规划总平面图　　　　　　　　　　　**图片来源：青岛隆岳置业有限公司**

① 国际养老社区主要出入口
② 居住区主要出入口
③ 养老区公建区块
④ 景观轴线
⑤ 办公科研区
⑥ 养老配套服务区
⑦ 中端养老公寓
⑧ 高端养老公寓
⑨ 花园洋房
⑩ 覆土车库
⑪ 中心湖
⑫ 泄洪通道
⑬ 山地公园

北

图4 养老社区建成实景图　　　　　　　　　　　**图片来源：融创藏马山颐养社区官网**

可以提供康复理疗、生活护理和失智照护等多类别的康复护理服务。

4.3 文娱生活服务中心

社区内配套有约1万m²的文娱生活服务中心和医疗门诊部。文娱生活服务中心设有生活小超市、游泳池、美容美发室、咖啡厅、影音室、年轮书局、手工坊、舞蹈瑜伽室、茶艺室、棋牌室、书法室、祈福室、钢琴室、大餐厅等16个功能区域，可以让居于此的老年人的日常生活丰盈充实。

4.4 医疗门诊部

医疗门诊部建筑面积约500m²，拥有一支由资深医师组成的医疗团队。医疗门诊部将为每位入住者建立个人健康档案，并实时跟踪老年人的身体状况。在日常生活中，实施定期巡诊、指标检测、健康宣讲、饮食指导、运动指导、心理咨询、中医调理、康复理疗八项健康管理干预措施。另外，社区设有约750m²的幸福食堂及中央厨房，提供科学合理的膳食搭配。

4.5 MINI农场

园区内规划约1200m²的绿色生态农场，通过分配认领的方式，让老年人体验回归田园生活的乐趣。通过积累的积分兑换农场产出的农作物，品尝健康绿色食物。

整个颐养社区是建造在一个缓坡之上，天然的地理高差加上特殊的坡地设计，使建筑室内采光非常好。从居所的任一处向外望去，都可见满眼的绿和通透的蓝，四季皆备感舒心。

4.6 健康小屋

健康小屋定位于中国首个一站式家庭健康生活服务平台。目前首个项目选址为都会中心，面积约40m²，服务4342户业主，为业主提供查阅健康档案、处方开药、报告解读、就医指导、心理咨询、专家预约、二次诊疗、专家会诊、陪诊服务、手术安排、药品配送等服务。通过网络将一批健康检查设备整合在一个温馨舒适的环境里，使受检者可以自主轻松地选择体检项目，吸引社区居民自觉

关注健康，完善居民电子档案，逐渐形成一种慢病全面随访管理的社区健康管理模式（图5）。

4.7 居家健康服务，智能健康终端

为老年人居家配备的智能健康终端设备，配置前置高清摄像头、8寸大屏，全屏触摸，支持视频通话、音频通话和语音识别、人脸识别。可检测血糖、血压、心电图、体温、心率、血氧饱和度等，可根据需要灵活增配胎心监测仪、血红蛋白仪等设备，最多支持12项生理参数检测。作为健康管理服务入口，所采集数据可实时传送至健康管理云平台，共享检测数据。也可链接健康互联网医院服务端。

4.8 其他产品细节

居所内的生活空间和家具设计都力求遵循适老化设计，洗手间、门厅都设有方便老年人起行的握手；浴室设双地漏以快速漏水，避免长者滑倒；卧室床头有急救呼叫设备；

全产业链-全流程-全场景-全生命周期

检 智能检测

现场体检，可检测20多项人体常规生理指标。在体检者获取健康检测报告后，检测数据可上传至互联网医院。

医 线上问诊

医生可参考体检者的检测报告和检测数据，提供全年不限次的视频问诊服务，并结合视频问诊获得的医疗数据和疾病信息，给予体检者全面的健康评估和指导。

药 药品服务

如有用药需要，医生可以提供专业的用药建议，检测人员可立即在旁边的智能药柜扫码购药。如果需要开处方药，医生也可以免费开具处方。

养 滋补养生

社区住户可依照上述流程在平台上选购相关药品或滋补养生类保健产品，实现健康全流程管理，并形成大数据的积累。

图5 全产业链体系示意图

图片来源：融创藏马山颐养社区官方网站

大门为双猫眼设计、灯具开关装置设置在较低位置。这些细节设计，是为了让老年人的生活更安全和美好。

5 管理运营篇

目前，养老社区运营模式主要有出售产权形式和租赁制形式。出售产权的养老社区有北京太阳城，产权酒店式养老公寓有北京太阳城等。租赁制包括会员制（如上海亲和源）、保证金制（如中国台湾养生文化村）、租金制（如杭州金色年华、青岛新华锦）等。

经营管理模式有独立管理运营、与健康活力社区联合、与企业联合、与专业团队联合等类型。为提升康养社区管理运营专业化水平，股东融创与隆海成立独立运营公司——融创隆海健康管理有限公司，与当地现有医院合作，投资新建大型医院，并整合优秀的专业团队，创建了一个独立运营的专业化服务运营团队。

5.1 建立充分的医疗体系保障

目前融创隆海健康管理有限公司已携手日本美邸（MCS）、清华医疗、京东健康等国内知名健康管理机构，致力于提供先进的社区养老、机构养老和健康管理服务，立足青岛、辐射山东、面向全国。公司专注高端康养社区和护理机构的开发建设，遵循适老化、标准化的国际先进设计理念，为客户提供安全、舒适、和谐的生活居住环境。

融创中国、清华大学与青岛市政府和西海岸新区分别签署了重要协议，确定在青岛西海岸新区合作共建"清华大学附属融创青岛医学中心"，融创投资约45亿元。医学中心总建筑面积达42万m²，包括两家医院、一个医疗人才教育中心、一个精准医学研究中心、一个智慧医疗研究中心，致力于成为覆盖全人群、全生命周期，集医疗、科研、教学和预防于一体的医学中心，作为养老项目的专业支撑。

同时，在政府的长远规划中，连接藏马山与市区的轻轨线路也纳入了政府的规划体系中，未来，从藏马山到市区几家大型医院的时间将缩短到25分钟以内。为进一步实现"零距离医养、零距离就医、零距离保健"，藏马山颐养社区还率先采取了"企业购买服务、医院托管医疗"的紧密型医养合作方式，社区内建有500m²的医疗服务中心。

5.2 国际标准，五重颐养服务体系

藏马山颐养社区植入国际领先的持续照料退休社区（Continuing Care Retirement Community，简称CCRC），提供从活力长者、独立长者到失能、失智长者，一直到生命终结的全周期照料护理。倾力打造"康、养、食、娱、居"五重颐养体系，对整个社区进行了科学专业的适老化精装修，以及贯穿施工全流程的装修材料和家具除醛作业，确保老年人拥有健康、安全、舒心的生活居住环境；同时提供涵盖医疗健康、营养膳食、文化娱乐、生活保障等19类200余项生活服务，让老年人拥有高品质的颐养生活。

"康"是指社区内设有专业医疗和照护团队，保证老年人未病有养生、小病不离园、慢病不出门、大病直通车。

"养"是指保障颐养生活舒适的管家服务、物业安保、颐养专家三大支持团队，24小时呵护，一键救助，三级联动，安心养老。

"食"是指营养健康的美食，社区有专业营养膳食团队，实现对从种子到餐桌的严苛品质管控，提供星级营养膳食和个性化私人订制健康餐饮。

"娱"是指多姿多彩的娱乐，社区设有超万平方米文娱中心、16大兴趣功能空间，名师授课，有专业文娱团队为长者提供丰富的文化生活。

"居"是指用心打造的居住环境，社区开阔通透的全明户型、精致的适老化环境设计以及全屋智能监测照护服务，可以让长者住得舒适、住得放心。

5.3 社区亮点，"零工经济"和"自立支援"是其实现途径

在这里入住的老年人不再是传统机构中"客人"的身份，而是社区的主人、参与者和建设者，社区通过"自立支援"和"零工经济"两大支柱重塑其人生价值，以实现老有所养、老有所乐的美好愿景。

所谓的"零工经济"就是因人设岗，根据老年人的特长和职业背景，使其获取一份社区内工作，用"融爱币"积分作为工作报酬，积累积分后换取物品和资源。通过"零工经济"和"伊甸园模式"等手段，恢复老人的工作权，让老人能生活自立、经济自立、社会参与自立，同时将责任制度融入老人的生活，让他们分担责任、拥有资源、获得尊严，既能体验回归田园生活的乐趣，也可在退休后二次实现人生价值。

"自立支援"是缘于日本长期照护领域的照护理念，社区与国际知名养老服务机构合作，引入了这种国际领先的养老服务理念。相较于传统的"喂养式养老"，"自立支援"更加鼓励老年人在可动范围内，挖掘潜在机能，利用现有的能力实现日常起居。对被照护者做"减法"照护，针对退化机能或将要退化的机能进行有计划的训练，让老年人能够继续维持日常生活。

藏马山颐养社区倡导"主动式养老"，采用"伊甸园模式"，视动物、植物、矿物皆为员工，从身体、精神、社会三个视角帮助老年人提高生活质量，尤其重视老年人的自我选择与自我决定。通过适老助老硬件的帮助与运营机制的激励，辅之以做"减法"的"被动式照护"，康养中心尊重、认可长者的自立能力，鼓励和帮助长者实现"自己的事情自己做"，从而使其获得更有尊严感的日常生活体验。

5.4 专业化团队，提供多维化、专业化的品质服务

融创集团目前在青岛、威海和烟台等地规划并落地多个康养项目，专业管理团队人数逾200，涵盖设计开发、康养护理、金融投资等各领域的专家。旗下设有康养研究院，通过开放合作的研究平台，组织行业专家论坛、沙龙座谈等，致力于打造康养创新能力强、引领康养产业转型升级的集"研究、培训、成果转化"于一体的综合性研究机构。

5.5 家庭度假式颐养社区

社区依托藏马山国际旅游度假区全套文旅产业配套的优势，首创

"家庭度假式养老模式"，为来探望的子女和孙辈提供了丰富的家庭文娱活动和旅游度假选择，社区也为老年人邀请朋友到访、小住提供了温馨舒适的社交环境，他们可以更多地得到心理上的关爱和满足。

6 案例总结

藏马山颐养社区依托国家AAAA级景区藏马山的优质自然环境资源，融合机构养老、社区养老、居家养老、两院融合等模式，不仅在社区拥有完善的护理和医疗体系，同时结合轻轨建设和清华大学附属医院的建设，实现"零距离医养、零距离就医、零距离保健"，正式开启从"老有所养"迈向"老有颐养"的发展新路径，向着"健康中国"美好生活更进一程，让"多选择性度假养老"成为可能。

藏马山颐养社区在建设之初，就整合中国最优质的资本团队，引进世界最好的专业养老运营团队，聘请几十个国内外优秀的规划设计团队，培养年轻活力的管理运营团队，让社区规划、产品设计和运营服务能够完美结合，尽善尽美。

藏马山颐养社区合理配置活力老年公寓和护理型养老机构，并设健康小屋、门诊部、智能终端等配套设施，让老人在社区中可以得到持续性的照顾，实现从健康自理到医疗护理的无缝衔接。

藏马山颐养社区将"游戏化思维"融入社区运营，用游戏手段解决场景问题，帮助老年人融入社交网络，激发外在和内在的驱动力，产生使命感、投入感，从而重塑人生价值。通过联合景区、特色小镇、影视

城、美丽乡村、藏马镇等资源，并促进其组团式发展，共同营造活力型社区，让老年人的生活更加丰富多彩。目前社区已吸引到100多组老年人家庭入住，逐渐呈现一种多元化、健康活力的态势。

大力发展社会化养老已成为世界各国的共识，养生目的地这种开发模式，即利用当地优良的区位优势和环境优势，又与旅游度假等相结合，将养生与养老完美衔接，满足了人们对健康的需求；而服务型的养老社区实现了人性与专业、亲情与服务的完美结合。养老产业的发展趋势是养老设施功能全龄复合化和养老院与养老社区一体化，相信未来会有越来越多更加完善的综合养老社区出现，以共同营造和谐的社会氛围，加速推进城乡一体化的养老体系。

参考文献

中国产业信息网，2019. 2019年中国人口老龄化趋势、老龄化问题及带来的影响分析[EB/OL]. https://www.chyxx.com/industry/201910/799008.html, 2019.10.29.

朱浩，2017. 中国养老服务市场化改革三十年的回顾与反思[J]. 中州学刊(8): 66-72.

苏振芳，2014. 人口老龄化与养老模式[M]. 北京: 社会科学文献出版社.

凤凰空间华南编辑部，2019. 养老社区设计指南[M]. 南京: 江苏凤凰科学技术出版社.

陈雪钧，2018. 旅游养老产业发展研究[M]. 北京: 北京理工大学出版社.

都江堰青城山

发展模式与规划案例

Development Patterns and Planning Cases

何勃/摄

健康中国视角下的田园综合体策划：以广西悦桂田园综合体为例

An Empirical Study on the Planning of Wellness-based Rural Complex: A Case of Yuegui Rural Complex in Guangxi

文 / 周 爽　周韶睿

【摘 要】

本文以健康中国战略为背景，归纳总结了新时期"健康中国在乡村"的内涵与目标，提出打造"健康田园"是符合时代潮流和趋势的选择，并以广西悦桂田园综合体为案例，提出健康中国视角下田园综合体的策划建议，为乡村振兴提供实践经验。

【关键词】

健康中国；乡村振兴；田园综合体；健康田园；广西农垦集团

【作者简介】

周　爽　北京大地风景旅游景观规划设计有限公司副总经理

周韶睿　北京大地风景旅游景观规划设计有限公司项目经理

伴随经济和社会的发展，人们日渐认识到建设"健康中国"的必要性和紧迫性。2015年，李克强总理首次在政府工作报告中提出"打造'健康中国'"；同年，在《中共中央关于制定国民经济和社会发展第十三个五年规划的建议》中，"健康中国"正式上升为国家战略；2017年，习近平在党的十九大报告中提出实施"健康中国"战略，并深刻指出："没有全民健康，就没有全面小康。"。

乡村是推进"健康中国"战略的一大主阵地（图1），为了按期高质量实现全民健康发展目标，政府、企业和全社会亟须抓住政策红利和市场发展黄金机遇期，打造有价值、有品位的"健康田园"新产品，构建健康田园生活，使城乡人民切实享受到全方位的健康服务和美好幸福的田园生活。

1 健康中国在乡村

1.1 健康中国战略的理念

健康中国战略，其核心是"健康优先"，是全面建设小康社会的方向指引，凝聚了政府和全体人民的共同理想。健康中国战略以"创新、协调、绿色、开放、共享"五大理念为统领（李滔 等，2016），要求：与时俱进"创新"健康评价制度、卫生发展模式及科技产品；实现健康与经济社会、城市与乡村区域"协调"发展；打造"绿色"卫生服务体系，改善城乡基础设施和生态环境；扩大对内及对外"开放"，实现全民健康覆盖；坚持区域"共享"，改善健康公平，缩小人群间健康差距。

1.2 实施健康中国战略在乡村的现实意义

我国城乡居民健康面临多重考验，特别是乡村人口正面临严峻的健康考验。

一是各类重大健康问题依然严重，农村人口难以应对复杂多变的健康考验：重大传染病、重点寄生虫病和新发传染病防控难度大；慢性病发病人数快速上升，疾病负担日益沉重；生态环境及生产生活方式变化所引发的各类环境问题对健康的影响突出。

图1 江西婺源

王会龙／摄

二是各类危害健康的复杂因素亟待控制：经济层面，人口膨胀、环境污染、资源短缺等问题日益严重；生态层面，空气污染、水污染、土壤污染成为主要问题；社会层面，人口老龄化趋势、新型城镇化建设、消费升级下的国民健康意识显著增强对多层次、多元化的健康服务需求进一步增加（戴素果，2017），要求医疗卫生服务更加公平可及，故亟须合理布局优质医疗卫生资源、改善健康消费城乡供需矛盾。

1.3 构建"共建共享"城乡公平的健康格局

为深入贯彻落实健康中国战略，中共中央、国务院在2016年印发《"健康中国2030"规划纲要》，要求到2030年，基本实现健康公平，中国主要健康指标进入高收入国家行列；到2050年，建成与社会主义现代化国家相适应的健康国家（胡鞍钢 等，2016）。

《"健康中国2030"规划纲要》提出"共建共享、全民健康"的发展原则，要求建设健康友好型社会，强调构建人人参与的"共建共享"健康格局，全力推动城乡区域协调发展，完善城乡协调发展的体制机制，在投入和政策上重点向农村倾斜，逐步缩小区域间健康差异（中国共产党中央委员会 等，2017）。

政府、企业和全社会需要按照全面建设小康社会的要求，从大健康、大卫生出发，坚持打造健康社会，培育健康人群，发展健康产业，建立公平有效的医疗卫生制

度，全力促进健康公平共享，明显缩小地区间健康差异，大幅提高全民健康水平（李滔 等，2016），构建城乡公平的健康发展格局。

2 健康中国下的"健康田园"模式探索

2.1 田园综合体：通过产业复兴实现田园振兴

优化升级产业结构，促进"人的城镇化"是全面弥合城乡差距、实现乡村振兴的有效手段。通过有效植入适当产业，引导城市人到乡村消费，以缩小城乡物质差距（图2），构建城乡有机互动的文化交流机制，以缩小城乡文化差异（张诚 等，2017）。

田园综合体是新时代通过产业结构优化，实现三次产业融合发展的田园振兴实践新模式。田园综合体以统一开发、统一管理、分散经营为原则，以"三产联动"为核心思路，构建田园生产、田园生活、田园生态有机统一的宜居、宜业、宜游新家园。一方面，田园综合体强调企业承接产业体系构建，通过中长期产业规划将农业提升为产业链条中的基础性核心产业，并打造新兴驱动产业以促进经济文化生活大发展大繁荣；另一方面，田园综合体强调地方人居环境的规划开发和运营，为原住民、新住民和游客营造新的社区群落，培育新型社群文化组织形式。

现有的田园综合体多是以农业为核心、旅游为引擎、土地综合开发为手段的"农业+旅游+地产"的创新型发展模式，尚未在

顶层设计中点明"健康"发展的理念，"农业"部分主张发展现代农业产业园、休闲农业及社区支持农业（Community Supported Agriculture，简称CSA）；"旅游"部分主张依托当地文脉和自然环境，因地制宜打造独具价值的旅游产品组合；"地产"部分主张按照原有村落肌理打造新型社区，杜绝大拆大建，重视运营和服务体系构建。在健康中国战略的指引下，田园综合体的产业模式亟须迭代升级，迎合全民健康的时代发展要求。

2.2 关于"健康田园"综合体模式的思考

健康中国战略是完善田园综合体实施路径的强力抓手，尤其是由健康中国战略衍生出来的系列政策措施和指标能够有效指导未来田园的发展方向，助力高效构建"共建共享"城乡公平的健康格局。

在健康中国战略的指导下，为建立可复制、可推广的"健康田园"产业架构，打造健康环境、提供健康服务、形成健康人群，将健康融入田园综合体产业模型是符合政策红利、市场潮流的机遇性选择。笔者认为"健康农业+健康旅游+健康居住"的产业架构是对"农业+文旅+地产"模式的再一次升级，急需三大要素合力构建中国"健康田园"新生活。

健康农业是构建"健康田园"综合体的产业命脉，要求以安全、营养、健康为基本原则，抓好对空气、土壤、水污染的防治管理，强化对健康农业投入品（有机肥替代化肥，生物农药、物理防控替代化学

图2 薰衣草休闲观光　　　　　　　　　　　　　　　　　　　　　　　林丽琴 / 摄

农药、除草剂）的监管与使用，利用新技术、新理念开展健康种养，因地制宜发展微量元素在农业的应用，实现农业增效、农民增收、农村增绿、人民增寿。

健康旅游是赋活"健康田园"综合体的有效着力点，要求以优质的田园自然环境和人文基底为依托，在重视人的身体健康的同时，关注人的心理健康、社会适应力和道德健康。以"健康旅游"为核心的第三产业的田园综合体通常分为资源依托型和产业植入型，前者在项目地一般拥有温泉、森林、中草

药等高品质的健康养生类资源，适于发展温泉养生、森林康养、中医药养生类的健康养生产业；后者一般依赖于医药健康和体育运动产业资源的植入，具有投资大、回报周期长、运营难度高的特点。

健康居住是构建"健康田园"综合体的基础和保障，要求在规划时根据当地医疗状况和目标客群需求，配套规模适宜、档次适宜、位置适宜的基础医疗和健康休闲设施，提升乡村医疗机构服务能力，惠及原住民、新移民和游客，全方位构建宜养乐活的健康田园新生活。

3 案例研究：广西悦桂田园综合体

3.1 广西悦桂田园综合体顶层设计

以农业为基础、健康生活为指引，搭建综合开发平台，设计架构合理的产业运营管理支撑体系是健康中国战略下田园综合体发展的重点和难点。随着健康中国战略深入推进，将"健康"融入田园综合体势在必行。

为顺应乡村振兴、农垦改革的国家大势，贯彻习近平"打造现代农业航母"的重要指示，广西农

垦集团成立广西悦桂田园文化旅游投资有限责任公司（简称"悦桂田园"），公司通过多产能融合，实现整体土地综合增值，推动土地综合开发，带动乡村振兴。悦桂田园承接广西农垦赋予的使命，引入文化旅游、大健康相关产业，提升农业产业能量，创造新的田园生活和社区，以复合产业综合发展激活集团潜力。

悦桂田园规划打造田园经济产业园、田园康养度假区、田园文旅特色小镇、归园田居新空间、现代农业示范区、生态美丽新家园六大田园综合体，针对农场实际情况合理选择最优产品模式，按不同配比规划三次产业结构，植入新产品、新业态，促进农业与食品加工、商贸物流、文化旅游、大健康、综合地产等产业协同发展，实现产业结构优化升级、农业产业效益最大化，最终形成中国"三产融合的典范、乡村旅游的名片、田园康养的胜地"品牌效应，绘制出一幅生态美、产业美、生活美的"大美田园"画卷。

先期将以明阳农场、九曲湾农场、大明山农场和良丰农场为样板，以农业为核心、产业融合为特色、美好人居生活构建为切入点，打造示范性精品标杆项目，以点带面促发展。悦桂田园综合体正是依托九曲湾农场规划建设的大南药全产业链"健康田园"综合体。下文将以悦桂田园综合体为案例，系统分析"健康"如何与传统田园综合体产业体系有机耦合，实现土地赋值、区域赋品、产业复兴。

3.2 广西悦桂田园综合体策划思路

广西悦桂田园综合体位于广西壮族自治区南宁市三塘镇九曲湾农场，九曲湾农场风景秀丽，已建成九曲湾温泉、嘉和城温泉谷两个AAAA级景区。

南宁是广西首府，历史悠久，并且有多民族聚居的文化传统，如今以壮族为主体，居住着汉族、瑶族、苗族、侗族、回族等50个民族。其中，"壮族三月三"民族节于2014年入选第四批国家级非物质文化遗产名录，广西多彩的民族文化被推向全国舞台。与此同时，南宁独特的地质结构和自然条件，孕育了丰富的动植物资源，其中就包括中草药资源，壮族人民在长期的生活实践中创造了影响深远的壮医药文化。

广西悦桂田园综合体正是依托得天独厚的自然、文化资源应运而生。项目占地约12000亩（800hm²），以三月三节庆文化为特色主题，以大南药康养全产业链为发展核心，以三次产业融合发展为原则，第一产业主要发展以壮药为代表的民族医药种植和鲜花种植；第二产业主要发展药材组培、加工，高端鲜花深加工和大健康产业园；第三产业主要发展民族文化体验、中医特色康养、康养度假地产和特色演艺活动。项目规划以三月三民族文化村为核心景区，以南药鲜花小镇和南药健康小镇为南北两翼，打造集"民族风情、南药种植、生态观光、医药交流、康养宜居"于一体的"百越盛典，药香田园"广西悦桂田园综合体。

其中，位于项目"北翼"的南药健康产业小镇以南药种植、加工、体验为核心，联动制药产业、健康医养、养老养生协同发展，内设南药种植生态园、药材组培加工基地、南药文化街、药膳美食街等项目。目标是逐步形成附加值高、竞争力强的产业链条，成为"智慧型农旅养一体化产业集群"和"健康田园开发运营模式创新示范"。

3.3 "健康中国"战略下田园综合体的策划重点

在健康中国战略指引下，为体现健康田园生产、健康田园生活、健康田园生态协同发展的"三生"发展目标，实现农村三次产业融合发展，广西大南药康养田园综合体构建"健康农业（生产、加工）+健康旅游+健康居住"的产业发展模式，促进城乡生产生活要素流动，实现乡村振兴。

健康农业生产和加工。健康农业是田园综合体的基础，生产和加工区通常占规划面积的60%以上，结合健康中国战略，农业生产区主要培育康养类作物，打造医药保健类作物种植基地；农业加工区主要打造康养作物加工展示园、药材组培加工基地等。

健康旅游。以当地壮医药传统文化和优美的田园生态为基础，结合"吃、住、行、游、购、娱、商、养、学、闲、情、奇"十二大要素打造定位精准、主题明确的康养文旅主题片区，并以知名康复中心为吸引物，导入大健康产业资源，为社区居民和康养客提供全体系的康养服务，为"健康田园"提供服务保障和文化支撑。

健康居住区。依托田园肌理，以当地建筑风格为基调，打造满足原住民、新住民和游客需求的健康生活社区体系，全方位构建健康服务体系——绿养（绿色自然居住景观）、医养（养身养心的健康服务配套）、文养（传承文化的社区学院）、乐养（共话人生的兴趣部落），补齐社区健康服务短板，引领中国社区生活方式变革，构筑未来的健康社区。

4 结语

健康中国战略为田园综合体的规划提供了新的着力点，为推进农业供给侧改革搭建了新平台，为田园生产、田园生活、田园生态提质升级规划了新模式，为实现乡村历史性振兴提供了新动力。在传统的"农业+文旅+地产"上因地制宜地发展"健康农业+健康旅游+健康居住"，为健康中国的建设提供了内生动力。

在"健康中国"战略下持续发展的田园综合体发展体系必将推动农业发展方式、城乡生活方式、农民收入方式发生深刻变化，全面提升中国农业的综合竞争力，全面改善乡村的健康服务体系和提高农民健康水平，真正让农业成为有奔头的产业、农民成为体面的职业、农村成为让人安居乐业的美丽家园。

参考文献

霍华德，2009.明日的田园城市［M］.金经元，译.北京：商务印书馆.

陈石，袁敬诚，焦洋，等，2018. 新田园主义视角下乡村振兴规划设计与实践探索：以宿迁汇源"桃花溪田"田园综合体规划为例［C］//2018城市发展与规划论文集.

戴素果，2017. 健康中国理念下老年健康促进的体医深度融合路径［J］.广州体育学院学报,37（3）：13-16.

胡鞍钢，方旭东，2016. 全民健身国家战略：内涵与发展思路［J］.体育科学，36（3）：3-9.

胡向东，王晨，王鑫，等，2018. 国家农业综合开发田园综合体试点项目分析［J］.农业经济问题（2）：86-93.

李滔，王秀峰，2016. 健康中国的内涵与实现路径［J］.卫生经济研究（1）：4-9.

卢贵敏，2017. 田园综合体试点：理念、模式与推进思路［J］.地方财政研究（7）：8-13.

彭国强，舒盛芳，2016. 美国国家健康战略的特征及其对健康中国的启示［J］.体育科学，36（9）：10-19.

彭国强，舒盛芳，2016. 美国运动健康促进服务体系及其对健康中国的启示［J］.体育与科学（5）：112-120.

杨柳，2017. 田园综合体理论探索及发展实践［J］.中外建筑（6）：128-131.

中国共产党中央委员会，中华人民共和国国务院，2017. "健康中国2030"规划纲要［J］.中国实用乡村医生杂志，24（7）：1-12.

张诚，徐心怡，2017. 新田园主义理论在新型城镇化建设中的探索与实践［J］.小城镇建设（3）：56-61.

大健康产业背景下的康养旅游地开发模式研究：
一种集约化的产业园模式

Research on the Development Model of Wellness Tourism Destinations in the Context of All-rounded Health Industry: An Intensive Operational Model

文 / 杨 勇　朱梦瑶

【摘　要】

大健康产业与康养旅游业的发展既并肩而行，又相互联动、相互影响。一方面，康养旅游地的规划开发能够为大健康产业的发展创造有效需求，提供平台与机遇；另一方面，大健康产业所具有的产业融合特点能够有效促进康养旅游地全龄化开发设计和建设，推动康养旅游地提供更加全面、智能化的产品与服务。基于我国大健康产业发展的背景，以及"医疗+人工智能""医疗+养生+旅游"等产业融合发展的新趋势，本文面向康养旅游地提出了一种集约化的产业园开发模式，构建了"两主导+一新兴+一配套"的集约化产业融合开发体系——以健康服务业、康养旅游业为主导产业，引入新兴智能医疗科技，辅以城镇综合服务配套体系，建立大健康宜居颐养产业园区这一新模式，为康养旅游地的开发规划与设计提供思路与建议。

【关键词】

大健康产业；康养旅游；开发模式；养老社区；规划设计

【作者简介】

杨　　勇　中国老年学会和老年医学学会副秘书长，文化和旅游分会总干事

朱梦瑶　北京第二外国语学院旅游科学学院硕士研究生

1 引言

随着社会经济的进步与发展，民众的健康需求日益增长，居民在健康、医疗、保健方面的消费支出日益增加。近年来，人口老龄化已成为全球现象，老龄化趋势为康养旅游产业的发展造就了巨大的市场空间，慢性病、亚健康等社会问题日益普遍，潜在的医疗健康需求也随之迅速增长，中青年群体成为健康旅游的重要潜在市场，全龄化的医疗康养需求日益增强。从政策层面看，2016年10月，国务院颁布了《健康中国2030规划纲要》，将"健康中国"作为一项基本国策提高到了国家战略的高度，提出："建立起体系完整、结构优化的健康产业体系，形成一批具有较强创新能力和国际竞争力的大型企业，成为国民经济支柱性产业。"在此政策与社会背景下，大健康产业作为一项以健康行业为主导的产业（海青山 等，2017），其发展不仅面临着挑战也面临着机遇。与此同时，康养产业被多地列入"十三五"规划中，康养旅游在健康与养老需求和供不应求的市场背景下，呈现出规模化、规范化的发展趋势（John，2013；Tathagata et al.，2019）。从城市规划领域看，虽然许多学者对老龄化背景下的养老社区（魏维 等，2015）以及养老设施的规划设计（奚雪松 等，2013）进行了研究，但普遍是针对家庭养老、机构养老、社区居家养老模式的规划开发，以健康养老为核心的地区规划多是针对特定的社区、住房、城市进行设计（图1），对以大健康产业为背景的

图1 城市公园里休闲放松的老年夫妻　　　　　　　　　　图片来源：摄图网

康养旅游地规划设计与产业化的养老模式研究较少。因此，本研究紧跟"旅游+"产业集聚融合的新形势以及大健康产业发展的时代背景，为推动我国产业化养老模式发展，提出一种集约化的产业园开发模式，旨在为康养旅游地的整体开发、规划与设计提供思路与对策。

2 文献综述

2.1 大健康产业研究综述

目前，对于大健康产业，国内外学界并没有统一的定义。国外相关领域的研究者认为，健康产业是以健康服务为主要活动的产业集群（Di Tommaso et al.，2000），营利或非营利机构等提供的健康服务活动也属于健康产业（Branston et al.，2006）。事实上，"大健康"的

说法具有一定的中国特色（唐钧，2020）。张车伟等人（2018）认为，中国大健康产业是以健康服务业为核心，以适宜的生态环境为基础（图2），通过产业的融合发展满足社会健康需求的全产业链活动，其根本属性兼具市场和公益属性，需要市场和政府共同发挥作用。雷顺群（2017）认为大健康的核心思想和中心内容包括宗旨、核心、根基三个方面，其中，大健康的宗旨为人类的生存、健康、长寿，核心是"自然—生物—人体—社会—思维"大健康模式，而根基则是作为国家经济建设新引擎的大健康产业。产业融合是现阶段健康产业发展的新趋势，在中医药领域，中药产业发展的典型模式之一是以现代中药为根基，结合中药与卫生保健等日常消费需求，囊括现代医药、

图2 长寿之乡广西巴马

图片来源：摄图网

保健、日化等产业集群在内所形成的，集研发、种植、制剂生产和市场营销于一体的中药"大健康产业链"（蒋东旭 等，2012）。从国际视角看，大健康产业发展的要素包括政策保障、需求基础、科技引擎以及资本动力，并逐步向着"前端保健，后端康复"的全生命周期方向扩展，以点带面，促进如"医疗+大数据""医疗+人工智能""医疗+养生+旅游"等新业态的融合发展（李欢 等，2021）。

2.2 康养旅游研究综述

中国康养旅游产业的发展，经历了由政府行政主导的事业接待型、福利型疗养模式，过渡到以老年观光旅游为主要康养旅游产品的市场化改革规模发展阶段，再到如今由粗放式的规模化发展传向集约化升级提升阶段（李莉 等，2020a）。从康养旅游的概念上看，康养旅游由早期的医疗旅游（medical tourism）、养生旅游（wellness tourism）向产业链的两端不断延伸，研究的内容与视角不断丰富与多元化（黄琴诗 等，2020）。众多国内学者针对康养旅游产业的相关问题进行了广泛且深入的探索。例如，王兆峰（2020）从宏观的角度系统梳理了全国康养旅游地的空间分布格局，使用平均最近邻和核密度分析法研究了国家和省域康养旅游地空间分布状况和集散特征；任宣羽（2016）探讨了康养旅游的哲学基础，并解析了康养旅游的内涵与发展路径；李莉（2020b）使用因子分析以及多元回归分析的方法，构建了康养旅游产业发展的影响因素研究框架，发现人力资源、政策支持、产业竞争等因素对当前康养旅游产业的创新发展起主导作用。国外学者对康养旅游的研究主要集中在旅游者动机与满意度、消费结构、理论模型建构等方面。例如，Lim等（2015）探讨了韩国康养旅游景点的首次到访者与重游者在游客动机与满意度上的差异；Loh（2015）使用实证分析方法分析了康养旅游季节性消费结构的变化与发展趋势；Szymańska（2015）使用德尔菲法构建了三种不同的健康旅游创新模式。康养旅游依托的资源种类多，所涉及的对象类型众多，可以看作是一种"旅游+"的战略，不同自然人文资源与旅游的融合，都能够有效利用旅游业拉动和融合的属性，助力催生新的旅游业态，产生强有力的增值效应（刘庆余 等，2016）。

3 大健康产业背景下的康养旅游地开发模式——集约化产业园模式

3.1 开发模式的提出

2016年原国家旅游局发布《国家康养旅游示范基地标准》，将康养旅游定义为"通过养颜健体、营养膳食、修心养性、关爱环境等各种手段，使人在身体、心智和精神上都达到自然和谐的优良状态的各种旅游活动的总和"，并要求康养旅游示范基地应包括康养旅游核心区和康养旅游依托区两个区域，核心区与依托区之间应该具有良好的功能联系，核心区提供资源，而依托区提供产业联动平台，为旅游安全、公共休闲、信息咨询等公共服务提供有力保障。从国内康养旅游发展所面临的问题来看，国内康养旅游产业发展时间较短，各地在技术、设施等层面差异较大，容易出现缺乏特色与缺失长远规划的实际问题（张贝尔 等，2020）。与此同时，对外缺乏竞争力、资源缺乏整合、整体发展无序等问题也限制了一些本具有良好自然条件的康养旅游目的地进一步发展与提升（赵杨 等，2020）。

从大健康产业与康养旅游地发展的关系上看，大健康产业与康

养旅游地的发展既并肩而行，也相互影响、相互联动。一方面，健康生活是康养旅游地开发的核心基础，而大健康产业与康养旅游业的融合能够为康养旅游地的发展提供更加优质的产品与服务，满足康养旅游业的健康消费需求，为养老服务提供更好的技术支持；另一方面，康养旅游地的发展能够为大健康产业的发展创造有效需求，提供平台与机遇，服务于全龄化人群的康养旅游业与大健康产业能够在产业要素、产业布局、政策联动上相互促进、相互补充。因此，根据目前国内康养旅游目的地实践中出现的问题，结合科技发展与公共服务体系不断提升的新形势，本文提出一种康养旅游地的集约化产业园开发模式，即以产业、科技、公共服务为框架，构建"2个主导产业+1个新兴产业+1个配套体系"的

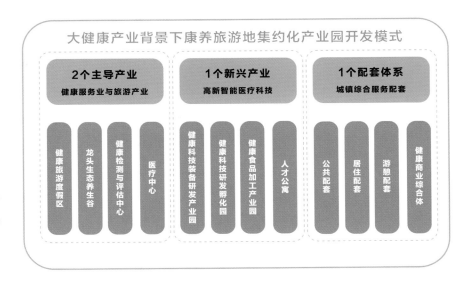

图3 大健康产业背景下康养旅游地集约化产业园开发模式

"2+1+1"集约化产业融合开发体系（图3）。

3.2 开发模式概述

"2+1+1"集约化产业融合开发体系中，健康服务业和康养旅游业作为主导产业将发挥产业引擎的作用，成为推动大健康产业链构建的主要载体与核心力量，具体的开发项目包括健康旅游度假区、龙头生态养生谷、健康检测与评估中心、国际医疗中心等。"一新兴"是指高新智能医疗科技产业，开发的内容主要包括健康科技装备研发产业园、健康科技研发孵化园、健康食品加工产业园、人才公寓等，其功能是为了建立互联网与智能化的服务研发机构，利用技术推动健康服务业与旅游产业的发展，吸引技术人才。"一配套"是指以城镇为区域范围规划的辅助性养生小镇综合服务配套体系，开发的内容包括公共

配套、居住配套、游憩配套、健康商业综合体四个方面，目的是为核心产业与高新智能产业提供必要的辅助性支持，形成良好的健康生态圈。

该模式通过产城结合，围绕健康产业和旅游产业两大核心，形成养老、旅游、文化、体育、休闲度假和健康教育、健康产业信息化的产业集聚模式，以产业发展带动人口聚集和城镇化发展，为康养旅游目的地的开发设计提供新的建设规划思路。表1对该模式开发设计的项目体系进行了具体的梳理与总结。

3.3 分区设计

为了提升康养旅游地游客的体验质量与旅游地的整体服务质量，采取组团式的发展思路有利于提升集约化产业园区的规模化效应，构建大健康养生旅游产业体系（刘庆余 等，2016）。围绕产业园的主导产业与核心产品，康养旅游地集约化产业园区的开发项目可以采用"康养度假—医养产业—健康生活"的分区设计（表2）。其中，"康养度假组团"主要以健康服务产业为主，包括国际康养、康养旅游、健康管理、医疗服务、游憩休闲五个方向，是整个产业园发展的核心力量；"医养产业组团"包含了高性能医疗技术研发孵化、健康食品加工等产业，高性能医疗技术研发孵化以医疗机器人、智能医疗终端和高端监测设备为主，同时为专家与创新人才提供支持，健康食品加工则对接区内生态农产品加工

的转型升级；"健康生活组团"涵盖公共服务、商业配套、社区居住等功能，为整个产业园的产业发展提供生活便利。

3.4 开发模式优势

本文所提出的"两主导"+"一新兴"+"一配套"的集约化产业园开发模式，以生态为底、人文为魂、宜居生活为格调，产业为引擎，拥有产业龙头，即重点发展健康服务业和旅游产业，并围绕健康、休闲、度假主题（图3），致力于构建大健康产业链，充分发挥大健康产业资源消耗低、环境污染程度低、发展潜力与产品增值高的特点（严丽萍 等，2018）；同时，拥有技术龙头，即引进国内外先进

表1 康养旅游地集约化产业园项目开发内容设计

项目定位	产业体系	开发中类	开发子项
主导产业	健康服务业和旅游产业	国际健康旅游度假区	包括旅居养生养老度假村、山林康体休闲运动项目、国际康养文化会所、康养创意商坊等
		龙头生态养生谷	包括健康管理方案定制馆、穿戴式智能健康设备体验中心、疗养酒店、中医保健馆、精研理疗馆、水疗中心、食疗膳坊、音疗山坊等
		健康检测与评估中心	包括高端体检中心、基因测序中心、健康咨询中心等
		医疗中心	—
新兴产业	高新智能医疗科技产业	健康科技装备研发产业园	包括医疗机器人研发基地、智能医疗终端生产研发基地、高端测序设备研发基地等
		健康科技研发孵化园	包括创新企业孵化中心、专家工作站、产学研基地等
		健康食品加工产业园	—
		人才公寓	—
配套体系	城镇综合服务配套	公共配套	包括镇区城市会客厅、行政服务中心等
		居住配套	包括国际生态养生全龄社区、持续照料养老社区等
		游憩配套	包括休闲农园、田园休闲屋、生态公园、自然教育基地、有机果蔬园、田园剧场等
		健康商业综合体	—

表2 "康养度假-医养产业-健康生活"分区设计

组团	开发方向	功能定位	主要项目
康养度假组团	一站式医疗养老机构，实现康养与度假相结合的国际康养旅游度假区	国际康养	国际健康旅游度假区（旅居养生养老度假村、山林康体休闲运动园、国际康养文化会所、康养创意商坊等项目）
		康养旅游	龙头生态养生谷（健康管理方案定制馆、穿戴式智能健康设备体验中心、疗养酒店、中医保健馆、精研理疗馆、水疗中心、食疗膳坊、音疗山坊等项目）
		健康管理	健康检测与评估中心（高端体检中心、基因测序中心、健康咨询中心等项目）
		医疗服务	国际医疗中心
		游憩休闲	游憩配套（包括休闲农园、田园休闲屋、生态公园、自然教育基地、有机果蔬园、田园剧场等项目）
医养产业组团	利用高新技术助力核心产业，为吸引技术人才和资源提供支撑	高性能医疗技术研发孵化	健康科技装备研发产业园（医疗机器人研发基地、智能医疗终端生产基地、高端监测研发基地等项目）健康科技研发孵化园（创新企业孵化中心、专家工作站、产学研基地等）
		健康食品加工	健康食品加工产业园
健康生活组团	以健康生活为核心理念，为城镇进行公共、居住和商业的相关配套	公共服务	公共配套（省市区县会客厅、行政服务中心）
		商业配套	健康商业综合体
		社区居住	人才公寓 居住配套（国际生态养生全龄社区、持续照料养老社区等）

生物科技研发中心以及互联网和智能化服务研发机构，以技术推动核心产业发展，并利用核心产业发展吸引技术人才、资源，为康养旅游地发展提供支撑；另外，拥有宜居龙头，即通过产业和技术发展带动当地人口的增加和居住环境的改善，推动康养旅游地当地发挥生态优势和文化优势，打造宜居生活环境。通过构建与打造大健康宜居颐养产业园区，有效促进旅游观光产业附加值提升，推动高端人才引进、提升地方就业率、整合产业资源，帮助当地有效开发可利用资源，推动区域经济可持续健康发展以及社会的和谐稳定，使经济效益、社会效益双丰收。另外，该模式集旅游度假、康体疗养、休闲娱乐、科研教育等功能于一体，有利于医养示范产业的建构，可以在一定程度上助推我国新型休闲度假健康养老产业发展模式的探索进程。从区域发展的角度看，重视科研人才与科学技术的开发理念有利于推动和促进康养旅游地所在地域的医疗科技研发水平进步，改善当地公共医疗条件，奠定文明社会的基础。

3.5 开发模式面临的障碍

首先，大健康背景下康养旅游地开发对所需专业人才与技术标准要求较高。在项目开发过程中，大量产品与服务的供给都需要依托专业的医学知识与信息技术。如果力图面向国际水平建设高水准的集约化产业园区并希望提供更加优质可靠的服务，旅游地在项目开发的前中后阶段都应认真思考产业链上下游环节所需依托的知识与技术。实际运营中，从最基本的客户信息录入，到体检结果的收集、传输，医疗数据的分析、发布与管理，再到专业健康问题解答，医学知识和智能化信息技术都起到了不可替代的作用。此外，作为第三产业，康养旅游地的服务和管理类人才是公司发展的核心优势资源，如何争取人才、留住人才，也是康养旅游目的地未来规划发展中要面临的挑战和问题。

其次，大健康产业背景下的康养旅游地开发面临成长风险。目前我国大健康产业的发展仍处于起步阶段，虽然大健康体系下的利润空间大，但是目前市场中还未形成

图4 温泉度假

图片来源：摄图网

知名的主导品牌，参与市场竞争的企业规模普遍较小，市场还没有完全成熟，企业在市场营销中需要正视成长风险。另外，大多数项目在建设和运行的过程中，出现同质化严重的现象，盲目追求大而全的规模效应，忽略了客户群的个性化需求，将目光局限于低端产业。这些问题在一定程度上会对产业协同的合作能力以及投融资的吸引力产生直接影响，背离开发建设的初衷，并损害康养旅游地开发项目的特色与品牌力，降低项目的市场竞争力（杨红英 等，2020）。

4 大健康产业背景下康养旅游地规划与开发建议

4.1 引导多方主体协同合作

康养旅游地的集约化产业园开发模式应注重产城结合，通过主导产业与新型产业的龙头作用，带动当地人口和城镇发展。在产业集聚融合的过程中，不免牵涉多元利益主体，如当地政府、企业等。为实现大健康宜居颐养产业园区的可持续发展，首先应从政策层面获得支持，政府作为主管部门，需要积极进行土地的协调，并在相关政策上对康养产业园项目的规划、建设和运营予以支持。另外，企业作为项目的运营和投资方，应主动配合政府的各项政策规定，积极构建养生养老品牌并进行宣传推广，努力构建大健康产业链，充分利用市场深化政府与企业的合作，实现"多方共赢""多方参与"的创新格局。

4.2 坚持生态为底的开发理念，因地制宜

相关研究证明，气候、空气、水和卫生等自然条件是康养旅游者最看重的要素，同时，康养旅游者也非常看重自然环境的生态性（何莽，2017）。康养旅游地的发展依托良好的生态环境，自然条件作为度假和养生需求的空间载体，是康养旅游者休闲养生体验的一部分。在康养旅游地产业融合发展的背景下，健康服务业和旅游业两大主导产业的发展都需要依托原生生态圈的自然环境而形成运营与盈利层面的良性循环。因此，在选址方面，应当因地制宜，针对不同地区资源的分布情况，根据自然条件与地区发展需要选择合适的开发地。与此同时，应树立"在保护中开发，在开发中保护"的开发理念，明确规模，适度开发，并将卫生条件、植被覆盖以及空气质量等生态环境保护标准纳入整个开发的规划设计中，有效营造环境保护氛围，提升地方自然资源的吸引力与独特性，增强健康养老与休闲度假的体验感，建设高水平的康养旅游地，促进地方产业良性发展。

4.3 利用差异化、个性化产品推进形成全龄化的康养理念

不同健康程度人群的健康需求不同，而不同年龄阶层的人群所需要的康养服务也具有较大的差异。面向健康年轻的人群，康养旅游地能够提供的有效服务主要以健康瘦身、美容养生、休闲娱乐为主，努力深化健康人群对中医"治未病"概念的理解，加强健康教育；面向亚健康人群，应发挥康养旅游地主导健康产业的核心优势，通过中医保健、精研理疗、水疗、食疗、音疗等服务，逆转亚健康人群的身心健康状态，借助健康管理方案定制产品以及高新科技的穿戴式智能健康设备进行实时的健康监控，达到维持与控制病情发展的目的；面向患病人群，则需充分利用集约化产业园区引入高新技术产业人才、资源的优势，提升医疗中心机构在治疗过程中的诊断、治疗、手术、护理、康复的效率。另外，针对各个年龄段人群，康养旅游地应深入挖掘不同人群对产品的体验需求，努力提供多元化、健全的基础设施与生态化的养老环境，构建全龄化的养生养老社区。

参考文献

海青山，金亚菊，2017. 大健康概念的内涵和基本特征［J］. 中医杂志，58（13）：1085-1088.

何莽，2017. 基于需求导向的康养旅游特色小镇建设研究［J］. 北京联合大学学报（人文社会科学版），15（2）：41-47.

黄琴诗，朱喜钢，曹钟茗，等，2020. 国外康养旅游研究的转型与趋势：基于英文文献的计量分析［J］. 林业经济，42（2）：48-58.

蒋东旭，梁志伟，苏子仁，等，2012. 大健康产业视野下的中医药现代化与数字化研究实践［J］. 世界科学技术（中医药现代化），14（4）：1754-1759.

雷顺群，2017. 大健康的核心思想和中心内容［J］. 中医杂志，58（2）：91-95.

李欢，张城彬，2021. 国际大健康产业发展路径研究［J］. 卫生经济研究，38（3）：9-13.

李莉，陈雪钧，2020a. 中国康养旅游产业的发展历程、演进规律及经验启示［J］. 社会科学家（5）：74-78.

李莉，陈雪钧，2020b. 康养旅游产业创新发展的影响因素研究［J］. 企业经济，39（7）：116-122.

刘庆余，弭宁，2016. 全域旅游视野下健康养生旅游发展对策［J］. 旅游学刊，31（11）：4-6.

任宣羽，2016. 康养旅游：内涵解析与发展路径［J］. 旅游学刊，31（11）：1-4.

唐钧，2020. 大健康与大健康产业的概念、现状和前瞻：基于健康社会学的理论分析［J］. 山东社会科学，（09）：81-87.

王兆峰，史伟杰，苏昌贵，2020. 中国康养旅游地空间分布格局及其影响因素［J］. 经济地理，40（11）：196-207.

魏维，顾宗培，2015. 老龄化背景下的养老社区规划设计［J］. 规划师，31（11）：12-17.

奚雪松，王雪梅，王凤娇，等，2013. 城市高老龄化地区社区养老设施现状及规划策略［J］. 规划师，29（1）：54-59.

新华社，2016. 中共中央国务院印发《"健康中国2030"规划纲要》［EB/OL］. http://www.gov.cn/zhengce/2016-10/25/content_5124174.htm.

严丽萍，李国隆，刘晟，等，2018. 发展大健康产业助推县域经济转型升级［J］. 中国行政管理（1）：145-147.

杨红英，杨舒然，2020. 融合与跨界：康养旅游产业赋能模式研究［J］. 思想战线，46（6）：158-168.

张贝尔，黄晓霞，2020. 康养旅游产业适宜性评价指标体系构建及提升策略［J］. 经济纵横（3）：78-86.

张车伟，赵文，程杰，2018. 中国大健康产业：属性、范围与规模测算［J］. 中国人口科学（5）：17-29.

赵杨，孙秀亭，2020. 我国沿海地区康养旅游产业创新发展研究：以秦皇岛市为例［J］. 城市发展研究，27（6）：24-28.

中国国家旅游局，2016. 国家康养旅游示范基地标准：LB/T051-2016［S］.

BRANSTON J R, RUBINI L, SUGDEN R, et al., 2006. The healthy development of economies: a strategic framework for competitiveness in the health industry［J］. Review of social economy, 64（3）：301-329.

DI TOMMASO M R, SCHWEITZER S O, 2000. The health industry: more than just containing costs［J］. L'industria-ricista di economia e politica industriale, 21（3）：403-426.

JOHN C, 2013. Contemporary medical tourism: conceptualisation, culture and commodification［J］. Tourism management, 34：1-13.

LIM Y, KIM H, LEE T J, 2015. Visitor motivational factors and level of satisfaction in wellness tourism: comparison between first-time visitors and repeat visitors［J］. Asia pacific journal of tourism research, 21（2）：1-20.

LOH C A, 2015. Trends and structural shifts in health tourism: evidence from seasonal time-series data on health-related travel spending by Canada during 1970-2010［J］. Social science and medicine, 132：173-180.

SZYMAŃSKA E, 2015. Construction the model of health tourism innovativeness［J］. Procedia –social and behavioral sciences, 213：1008-1014.

TATHAGATA G, SANTANU M, 2019. Medical tourism experience: conceptualization, scale development, and validation［J］. Journal of travel research, 58（8）：1-14.

生态文化融合的健康旅游规划探究与实践：
以岐黄生态文化景区规划为例

An Empirical Study on the Planning of Ecocultural Wellness Tourism Base: A Case of Qihuang Ecological & Culture Scenic Area

文 / 敖 民　李可心　岳 超

【摘 要】

通过对岐黄生态文化景区的分析和评价，从资源利用、指导策略、总体布局、游览系统等方面提出了基于生态文化融合思想的景区建设构想，强调利用森林资源和岐黄文化开展以修身养性、调节身心、延缓衰老为目的的游憩、保健、养老等活动。推动森林旅游从观光向生态文化融合的休闲旅游和度假旅游过渡，从而引导林场产业转型升级。在规划思路指导下，形成生态与文化高度融合的游赏空间和旅游产品，是对生态文化融合发展模式的探索与实践。

【关键词】

健康旅游；中医养生；康养度假；生态文化融合；景区规划

【作者简介】

敖　民　北京清华同衡规划设计研究院有限公司主创规划师

李可心　北京清华同衡规划设计研究院有限公司主创规划师

岳　超　高级工程师，国家注册城乡规划师，北京清华同衡规划设计研究院有限公司项目经理

注：本文图片除标注外均由岐黄生态文化景区规划项目组提供。

1 引言

2017年，《中共中央、国务院关于深入推进农业供给侧结构性改革加快培育农业农村发展新动能的若干意见》提出，要大力改善森林康养等公共服务设施条件，充分发挥乡村各类物质与非物质资源富集的独特优势，利用"旅游+""生态+"等模式，推进农林业与旅游、文化、康养等产业深度融合。2016年甘肃省制定了《甘肃省中医药养生旅游工作实施方案》，并编制了《甘肃陇东南地区国家中医药养生保健旅游创新区总体规划》，提出挖掘陇东南地区丰富的中医文化、养生文化、道家文化、佛教文化、民俗文化等资源优势，将积淀深厚、独具特色的文化元素融入中医药养生保健旅游之中，提升其文化内涵。

2016年国家旅游局发布《国家康养旅游示范基地》LB/T 051-2016，提出康养旅游是指通过养颜健体、营养膳食、修心养性、关爱环境等各种手段，使人在身体、心智和精神上都达到自然和谐的优良状态的各种旅游活动的总合。而健康旅游的概念更为宽泛，在学界有较多研究，单亚琴（2015）认为健康旅游主要分为保健旅游、医疗旅游、养生旅游三种类型，从产品来看包括医疗康复型旅游、山地健身型旅游、水体游憩型旅游、森林休闲型旅游、温泉疗养型旅游、养生文化型旅游、宗教体验型旅游等；吴之杰（2014）认为健康旅游是以旅游者健康为出发点，能够从生理、心理或社会适应方面促进旅游者健康的旅游形式。健康旅游已经成为一股世界潮流。纵观世界各国健康旅游发展，西方国家健康旅游起步早，亚洲地区健康旅游近年来发展迅速，在组合医疗、康体保健、传统药草三个产业方面形成了较为完善的产业链（张英英 等，2013）。

笔者认为健康旅游是旅游者以寻求身体健康和心灵愉悦为目的而暂时离开居住地的行为活动。本文结合岐黄生态文化景区规划，提出"健康+"的旅游发展策略与产品组合形态，以形成对健康旅游的实践探索。

2 岐黄生态文化景区概况

岐黄生态文化景区位于甘肃省正宁县，规划面积约140km²。具有优质的森林资源和浓厚的岐黄中医文化两大核心资源（图1）。子午岭林区是我国黄土高原面积最大、保存最为完整且最具代表性的天然次生林，是陇东"天然水库"、庆阳"天然屏障"，岐黄生态文化景区森林覆盖率高，负离子含量高，空气质量极好。此外，庆阳市是中国医学鼻祖岐伯出生的地方，是中华医学的发源地，被称为"岐黄故里"。

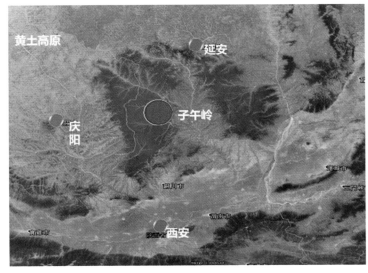
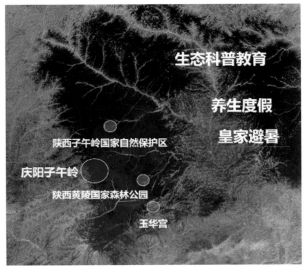

图1 区位示意图

3 "健康+"旅游发展策略

岐黄生态文化景区的市场定位是以周边省区的游客为主，同时包括近程游客，尤其是西安市民及到访西安的国内顺访游客，重点市场为西安、银川、武威、兰州、延安等周边城市。在客群方面以中青年人群、追求健康的大众人群为主，该类游客群体追求高品质生活，对生态环境质量、空气质量、旅游文化内涵有更高追求，对身心放松、山林运动、康养美食、森林养生等产品有较高需求。

规划突出庆阳子午岭"绿色明珠"的特殊地位，依托庆阳"天然屏障"的资源优势主打森林生态旅游，融合庆阳市岐黄中医药文化资源，结合中医鼻祖岐伯及其巨著《黄帝内经》等深厚的历史沉淀，规划"健康+森林生态""健康+森林运动""健康+森林度假""健康+岐黄养生"四大发展策略，形成"健康空间+专项分众"的新概念。

3.1 "健康+森林生态"

依托子午岭优质的环境基底，在原生态保护的基础上，营造自然野趣的绿色生态密林户外环境。结合生态科普科考活动，补足周边景区所缺少的森林山地与自然生态要素。为游客提供一处放松身心、绿色无污染的健康圣地。

3.2 "健康+森林运动"

以专业化、标准化的户外运动项目为支撑，以当前主流、火爆的生态徒步、穿越探险、自驾车营地等专项市场为导向，发展中高端户外专项旅游产品。打造"健康+户外专项"的综合运动中心。

3.3 "健康+森林度假"

利用子午岭的森林生态资源，开展森林康养度假项目，形成以森林生态为特色的森林健康度假产品体系。

3.4 "健康+岐黄养生"

结合庆阳地方特色的岐黄中医药文化，以"岐黄中医、健康养生"为宣传主打，搭建"健康疗养+养生文化体验"的健康旅游空间。

4 构建大健康模式空间结构

以森林健康旅游为核心，文化体验旅游为辅，构建"一环串三区、一轴带两心"的旅游发展空间结构（图2）。

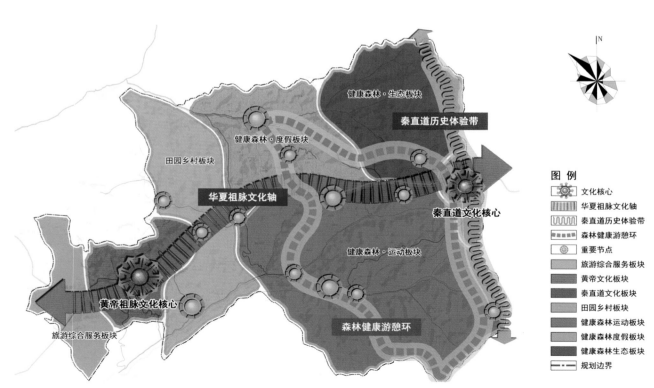

图2 空间结构规划图

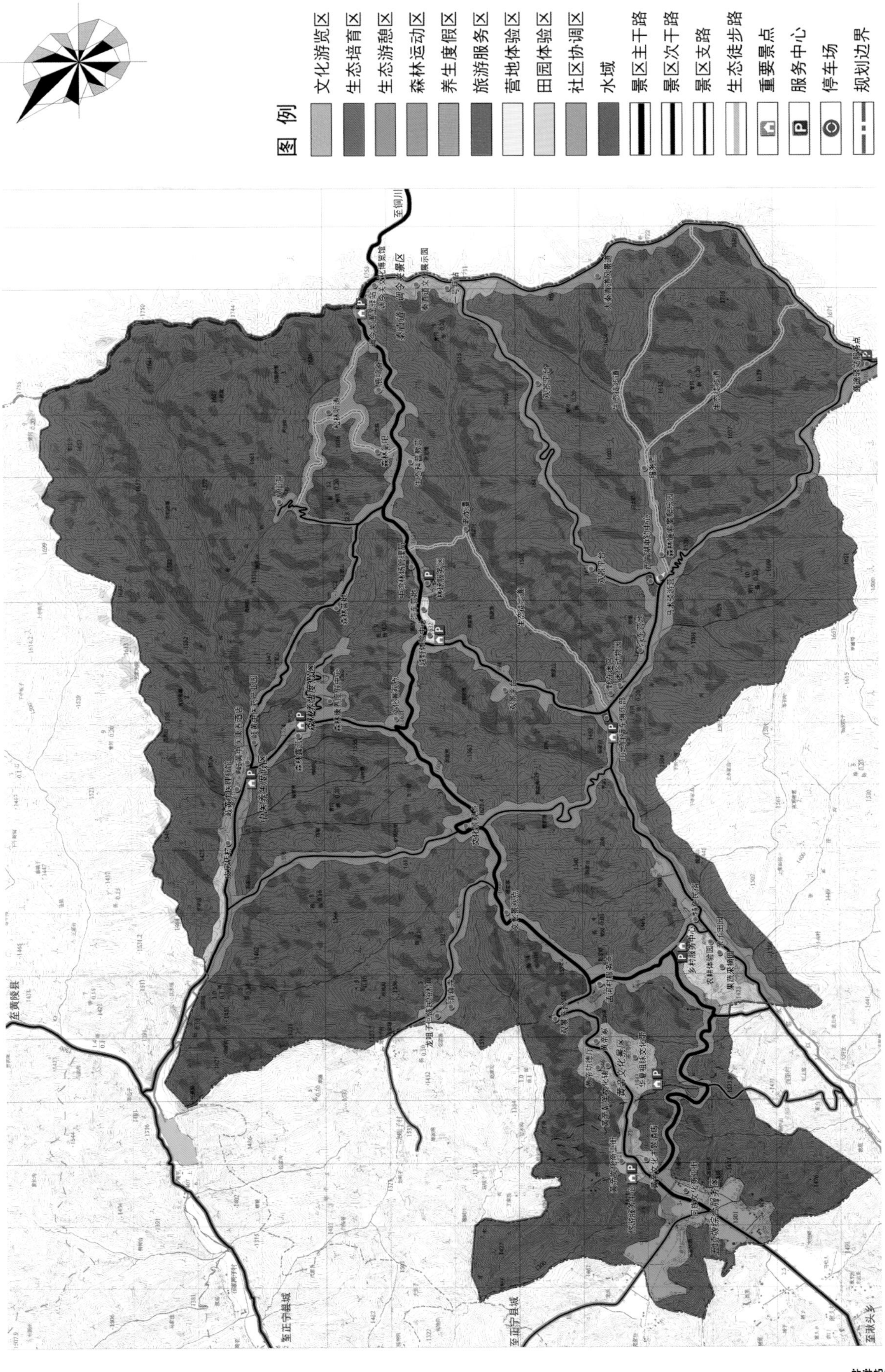
图 例
文化游览区
生态培育区
生态游憩区
森林运动区
养生度假区
旅游服务区
营地体验区
田园体验区
社区协调区
水域
景区主干路
景区次干路
景区支路
生态徒步路
重要景点
服务中心
停车场
规划边界
至铜川
至黄陵县
至正宁县城
至正宁县城
至湫头乡

图3 规划总平面图

4.1 "一环串三区"

"一环"即森林健康游憩环，是以调令关森林公园生态环境为依托打造的生态游览环线，沿线打造健康森林生态板块、健康森林运动板块、健康森林度假板块。

健康森林生态板块：在全面保护子午岭旅游资源及整体环境的前提下，对其合理利用。保护森林生态环境，开展森林生态科普教育等活动，可安排承载力范围内的步行观光和游览活动，限制与风景游赏无关的建设。

健康森林运动板块：面向康体健身、青年时尚市场开发山地运动型产品，依托子午岭山地生态和森林资源，打造以山地森林探险为特色的高端徒步线路，开发森林越野、垂钓、马术等森林运动项目。

健康森林度假板块：结合子午岭群山环绕、山谷清幽的自然环境，打造幽静的顶级山地度假设施，开发森林休闲养生度假活动，发展岐黄中医文化。

4.2 "一轴带两心"

"一轴"即华夏根祖文化轴，以303省道为主要载体，串联起旅游综合服务板块、岐黄文化板块、秦直道文化板块、田园乡村板块、健康森林运动板块、健康森林度假板块、健康森林生态板块等七大板块，沿线布置具有特色主题的景区。

"两心"分别为展示岐黄文化内涵和人文事迹的岐黄文化核心，以及结合林场管理处等设施集中区域开展森林度假项目的林场生态核心。

5 打造多元融合的健康旅游产品

岐黄生态文化景区规划总平面如图3所示，在景区内打造多元融合的健康旅游产品（图4）。

5.1 "健康＋生态"的旅游产品

结合调令关森林公园的森林生态环境，开展集森林观光、森林休闲、科普教育、亲子活动于一体的生态旅游活动。

松林听涛：规划整修中湾林场管理局东侧人工油松示范林中的游览步道，以生态保护为前提，在林中开辟观景点，设置指示牌、休息座椅、公共厕所等附属设施，形成声情并茂、趣味幽深、令人彻底放松心情的自然纯生态景点。

鹿鸣谷：鹿鸣谷位于调令关通途驿站西侧。规划对自然景观进行整合、梳理，令游人在雨后清晨，赏山间云雾缭绕，听林间鹿鸣鸟啼，充分感受山野的灵气，体验子午岭的自然山水文化。

森林氧吧：森林氧吧位于生态科普教育营北侧。结合林中游览步道建设木质观景平台一座，供游人在森林中尽情闻森林馨香，呼吸高氧空气。并设置部分健身、休憩设施，使游人在与大自然亲密接触的同时休养身心。

5.2 "健康＋运动"的旅游产品

结合岐黄生态文化景区的山地自然条件，开展以山地运动、休闲自驾、垂钓、骑游活动为主的山地主题活动。

山地自行车骑行环线：根据不同的山形地势、道路状况，针对骑行者水平、爱好差异，设置由简单到有挑战性的不同级别的骑行难度。结合子午岭特有的地形地势，在沟谷、高台。林间处打造赛道型、场地型、生态型、儿童骑行等多种骑行体验项目。

马术骑游营：马术骑游营位于西牛庄水库东侧，规划选择生态环境良好且地形适宜的区域开辟山间马道，打造区别于传统平原马术骑乘、独具森林山地骑乘特色的户外体验项目。

汽车营地：在西牛湖水库西侧建设汽车营地，设置装备补给站、医疗服务站等，提供日常生活用品、野营设备以及医疗服务设施。营地内设有帐篷营位区、旅居车营位区、小木屋、移动别墅等住宿设施。并配建森林户外运动项目，提供供露营者进行体育活动和娱乐的设施。加强水电、安全、环卫设施建设。

5.3 "健康＋度假"的旅游产品

结合岐黄中医药健康养生文化和特色森林度假休闲设施，形成完整的森林养生产业链条。营造健康、静逸的养生度假环境，使度假的游客回归原始生活。

森林养生度假区位于中医养生度假区南侧，隐匿于区域良好的天然次生林中。是以子午岭风光和天然氧吧为特色的林下休闲度假场所，包括森林养生度假中心和森林露营地。

森林养生度假中心：森林养生度假中心为游客提供自然、清新、静谧的度假环境，让游客远离城市的喧嚣，品尝有机食物，居住在少

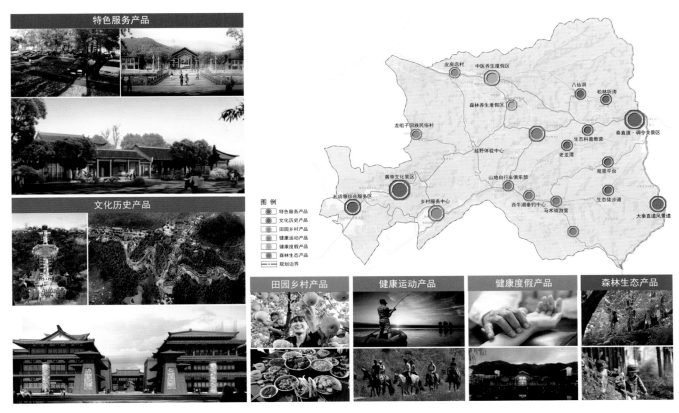

图4 旅游产品分布图

有人打扰的林中小屋，从生活的方方面面回归简单自然，回归原始的绿色森林生活。包含子午度假酒店与子午别墅区。

森林露营地：森林露营地包括森林木屋、帐篷营区和森林氧吧三部分。森林木屋采用木材、钢架、玻璃等材质，为架空式木结构。设置小型木屋为客房、书吧，设置面积相对较大的木屋为茶餐厅、棋牌室等公共建筑。结合地形特点，在相对隐蔽及坡度相对平缓处，选择合适的开阔地，作为森林帐篷营区（图5）。营区分为固定帐篷区和旅友帐篷区，营地之间有树木和绿篱相隔。固定帐篷造型独特，除供游客休息、住宿外，也作为一处观赏景点。选择植被长势好、视野开阔处，设置木质休息平台，为游客提供可以短暂停留休息、呼吸新鲜空气的森林氧吧。

5.4 "健康＋文化"的旅游产品

结合西北民居的形式并加入现代的设计元素。将生态健康主题融入各个服务设计环节，从餐饮、住宿、医疗、康体、生活方式等多个方面，为度假游客提供科学的健康生活指导。设有岐黄中医调理馆、岐黄中医养生中心等健康养生度假产品，以及岐黄中医药产业园等中医药旅游科普产品。

岐黄中医调理馆：岐黄中医调理馆以自然疗法结合饮食疗法进行保健为主。依托庆阳丰富知名的中医药材资源，选用营养价值丰富，对常见病症有一定药用的植物，为游人提供健康养生药膳，同时利用中草药植物打造特色室内外植物景观。

岐黄中医养生中心：岐黄中医养生中心是依据中医理论，为人们提供经络养生、健康颐养、香熏SPA、美容美体、经道养生、推拿养生、中医预防养生、减压放松等服务项目的高端中医度假酒店。养生中心拥有先进的设备、顶级的产品和优质的服务，并设有养生餐厅、岐黄中医养生课堂等，为游客提供全方位的养生服务和体验。

岐黄中医药产业园：岐黄中医药产业园是集中医药健康服务、养

图5 户外露营地

生于一体的健康产业聚集区。产业园秉承岐黄文化之园、生态之园、健康之园的理念，开展现代化中医药种植产业，并融合旅游观光、中医药科普等旅游项目，倡导健康生活理念，传承中医药文化。

6 形成丰富的健康游览系统

本着"多种体验，环线串联"的原则，规划多条特色旅游线路，满足游客的多种旅游需求。旅游区游赏项目开发应考虑环境的承载力，可持续合理利用资源，合理调节旅游节奏，满足旅游季节性差异，并符合相关法规。使游憩项目形式与环境景观相协调，项目内容与旅游市场需求相协调，项目组织与地方文化观念相符合。

6.1 健康悦动游线

子午健康悦动游线依托子午岭山地形态和森林资源展开，游客在此游线中可以体验森林越野、垂钓、马术等多种森林时尚运动，游赏山林景观，放松身心，锻炼身体。该游线亦为25km自行车环线，定期举办自行车越野赛事，并设置自行车租赁点，满足骑行爱好者的出游要求。

6.2 健康生态游线

以徒步为主要游览方式，游客沿原始、生态的步行道欣赏巧夺天工的自然风光（图6）。该线路主要突出天然与生态，向游客提供欣赏自然生态景观的机会，适合具有探险精神的专项旅游人群。

6.3 森林养生游线

子午森林养生游线主要依托子午岭优质的生态环境开展。结合森林自然风光与庆阳悠久的"岐黄文化"，在远离乡镇喧嚣的村子建设幽静的森林度假设施。以中医养生度假区为核心，主打岐黄养生、度假、观光等项目；以森林养生度假区为核心，主打森林康养、露营、观光等项目。

7 总结

子午岭林区森林覆盖率高，空气环境极好，庆阳市作为中国医学鼻祖岐伯故里，在生态、文化方面都有一定的挖掘空间。笔者通过岐黄生态文化景区的规划实践，提出"健康+森林生态""健康+森林运动""健康+森林度假""健康+岐黄养生"的旅游发展策略，形成"健康空间+专项分众"的新概念，探索生态文化融合的健康旅游产品形态。

森林康养在中国处于起步阶段，规划与开发相对滞后，森林健康旅游并非简单粗放地在森林公园内开展度假活动，而是通过旅游设施与文化脉络的有机融合，满足游客的休闲需求和度假需求，打造符合地理区位、资源特征以及满足游客需求的森林疗养系统。

与此同时，生态环境是开展健康生态旅游的基础和载体，因此，发展森林健康旅游，应充分注重生态本底保护。在此基础上，让游客在休闲、度假活动中了解文化内涵、体验地域风情，使景区的生态价值、文化价值得到充分体现，通过区域合作，共同推进健康旅游的研究探索和实践应用。

参考文献

单亚琴，姚国荣，2015. 国内健康旅游综述［J］. 牡丹江大学学报，24（7）：171-174.

吴之杰，郭清，2014. 我国健康旅游产业发展对策研究［J］. 中国卫生政策研究，7（3）：7-11.

张英英，赵新星，孟彦峰，2013. 国内外健康旅游研究综述［J］. 合作经济与科技（466）：6-8.

图6 生态步道　　　　　　　　　　　　　　刘婉莹 / 摄

中国旅游规划四十年

40 Years of Tourism Planning in China

西藏当雄阿热湿地

徐晓东/摄

中国（大陆）旅游规划研究40年：基于1979—2018年期刊文献的知识域构建

40 Years of Tourism Planning Research in China: A Knowledge Domain Visualization

文 / 黄珊蕙　贾润泽　王梦婷　吴必虎

【摘 要】

知识域构建是解读学科发展情况的有效方法，本文选取1979—2018年中国（大陆）旅游规划相关核心期刊文献25650篇，基于LDA主题分布模型对旅游规划知识积累进行知识域划分。共得到十二大知识域，分别为旅游开发战略与对策、旅游业与旅游企业、乡村旅游与乡村振兴、区域旅游产业发展、旅游规划与旅游地理、文化旅游与民族旅游、旅游空间结构、旅游城市与城市旅游、旅游资源与旅游景区、客源市场与旅游流、生态旅游与可持续发展、目的地形象与旅游营销。回顾中国（大陆）旅游规划研究发展40年历史，依据演化特征将其划分为知识域二元结构的平缓发展期、知识域内容规范化的快速发展期和知识域常态化的优质发展期，出现了稳定发展型、分化发展型、长尾发展型、扩张发展型四种知识域类型。40年的旅游规划知识积累与地理、旅游、城市规划等学科形成了积极的知识互动，为中国的旅游产业发展提供了探索性和前瞻性的科学支持。本文为中国旅游规划研究的历史梳理和未来发展提供了积极的理论支持和实践参考。

【关键词】

旅游规划；LDA主题模型；历时分析；知识域

【作者简介】

黄珊蕙　北京大学城市与环境学院博士研究生

贾润泽　北京大学软件与微电子学院硕士研究生

王梦婷　北京大学城市与环境学院博士

吴必虎　北京大学城市与环境学院旅游研究与规划中心教授、博士生导师

1 引言

中国改革开放 40 年以来，旅游业的发展取得了长足的进步，旅游业作为国民经济的重要组成部分，扮演着日益重要的角色。旅游规划在旅游发展中应运而生，如何提升旅游地接待容量、基础设施配置、空间功能结构、管理机制、服务专业化水平，实现旅游业产业链打造、产业转型升级和跨产业的交叉融合，协调不同利益主体——政府、开发商、旅游者、社区居民，平衡产业发展与环境生态安全和遗产持续保护等一直是旅游学者的重要议题。

旅游规划作为旅游产业发展的指导性综合系统工程，涵盖多层次、多产业、多主体、多部门，是对规划区域各层面地理空间长期发展的战略指引、保护、控制和综合平衡，是经政府审批后在区域内进行旅游开发和建设的法律依据（陆林，2014；吴必虎，2013；周波等 2015）。国外的旅游规划起源于 20 世纪 30 年代的英国、法国和爱尔兰等欧洲国家；20 世纪 80 年代，旅游规划理论思想和方法也逐渐呈现多元化发展态势；21 世纪，国外学者从政治经济、历史保护、可持续发展等角度对旅游规划进行了研究（Gunn，2002）。中国的旅游规划思想萌芽始于中国旅行社的建立，旅游规划工作始于 20 世纪 80 年，在中国旅游学界的研究历程中，有关旅游开发和旅游规划的研究文献占所有文献数量的将近 1/10（谢彦君，2003），形成了不断发展完善的理论体系和研究范畴，有一定的知识积累和发展。1979 至今四十

多年来，中国旅游规划走过了从西学中用到鉴古论今的起承转合，经历了风霜雨雪、岁月变迁，形成了鲜明的学科特色和知识底蕴。

现有中国学者对旅游规划知识域的研究大致分为以下两类：第一类，划分现有的旅游规划研究领域，根据旅游规划的重要步骤和过程，将旅游开发规划研究的重点内容划分为资源调查开发、服务接待设施结构、旅游文化、旅游商品、旅游市场、创意策划建设等（陈传康，1996）；利用词频分析法，根据内容层次，将旅游规划研究分为对旅游规划本身的研究、高于旅游规划的"战术层"、与旅游规划同一层次或属于旅游规划应用领域的问题、旅游规划的组成部门、技术或理论支撑的问题，热点主题集中在生态旅游、区域旅游、GIS 技术、乡村旅游、可持续发展、西部旅游和利益相关 7 个方面（周玲强，张文敏，2010）；以旅游规划中的理论相关研究内容为线索，将旅游规划研究分为基础理论研究，各类旅游行为及旅游区发展规律研究，规划新方法、新技术的应用研究，旅游业可持续发展与资源的可持续利用研究（吴承照，2009）。第二类，归纳现有旅游规划研究的理论重点和领域前沿，包括区域旅游规划体系、"1231"工程框架和"RMP"分析方法（吴必虎 等，2001）、旅游规划三元论和以 AVC 三力提升目标（刘滨谊，2010）、"概念性旅游规划"、"四高"、"四宽原则"（刘德谦，2003）；也有学者基于中国 2000—2016 年编制的 121 个旅游规划样本，运用归类法和对比

分析法，得出中国旅游规划实践中的创新热点主要集中在规划框架体系、规划理念、旅游要素、规划导向和重点、规划技术方法、规划交叉与融合六个方面（冯立新 等，2017）。

整体来看，当前旅游规划研究已有一定的成果，但通过计量方法得出的系统研究成果和案例较少，难以满足当下旅游规划研究发展的需求，旅游规划研究知识域体系亟待充分分析。为了更直观地展现旅游规划的学术发展积累情况，进一步挖掘现有旅游规划知识域的特征，本文基于旅游规划发展 40 年的研究，采用潜在狄利克雷主题分布模型（The Latent Dirichlet Allocation Method，简称 LDA）与术语共现方法，收集 CNKI 在线论文数据，对 1979—2018 年知网在旅游规划领域的期刊文章进行分析，探索不同时期旅游规划的主题脉络、知识演进、历史热点、机构发展和未来的潜力领域，回溯旅游规划过去 40 年的发展历程，以期为中国旅游规划体系内容与发展方向提供参考。

2 旅游规划研究知识域构建及分析

本文采用 LDA 模型对 1979—2018 年的期刊进行文献分析，以模拟大规模语料的语义信息以提炼出主题，描述主题演化情况。经专家评定，选取 24 个关键旅游规划相关概念作为检索词，分别为旅游规划、旅游开发、目的地营销、旅游设计、客源市场、旅游度假区、旅游地理、

旅游产品、旅游解说、旅游资源、旅游基础设施、旅游政策、旅游区、旅游空间结构、乡村旅游、旅游城市、旅游目的地、红色旅游、全域旅游、旅游形象、旅游厕所、可持续旅游、旅游地品牌、旅游交通，通过文献别重、筛选，最终得到25650篇文献作为有效样本进行分析。结果显示，12类聚类知识域的解释力较强，能无遗漏、无重复地涵盖现有旅游规划研究中的重要内容。通过提取相关主题关键词并分析其概率分布，云词法绘制了12个主题中前20的关键词，较高的概率在每个主题中显示为更大的字体（图1），各主题以核心词汇命名，现有旅游规划所形成的知识域的主题结构被划分为旅游发展战略与对策、旅游业与旅游企业、乡村旅游与乡村振兴、区域旅游产业发展、旅游规划与旅游地理、文化旅游与民族旅游、旅游空间结构、旅游城市与城市旅游、旅游资源与旅游景区、客源市场与旅游流、生态旅游与可持续发展、目的地形象与旅游营销。

参照现有文本主题类别，可以得出各个主题知识域的积累情况。分析1979—2018年中国（大陆）旅游规划各知识域文献总量占比（图2）可知，旅游规划十二大知识域积累大体上较为均衡，占比集中于6%~11%这一区间段，积累最多的知识域（旅游发展战略与对策，10.39%）和积累最少的知识域（旅游城市与城市旅游，6.11%）之间仅相差约4个百分点，较为接近。过去40年间，在旅游规划的十二大知识域，均有一定比例的研究文献发表，有一定程度的知识积累，可

以说均已经分门别类地形成了专有研究方向，并对旅游规划学科发展贡献良多。

为了重现旅游规划知识域的高质量积累情况，十二大知识域的构建是基于核心期刊文献的数据的①，

随着1992、1996、2000、2004、2008、2012年中文核心期刊目录的收编和刊文量的变化，旅游规划知识域的文献数量呈现也受到了较大的影响。从图3可以看出，1979—2011年，旅游规划的相关核

图1 基于LDA模型的旅游规划十二大知识域

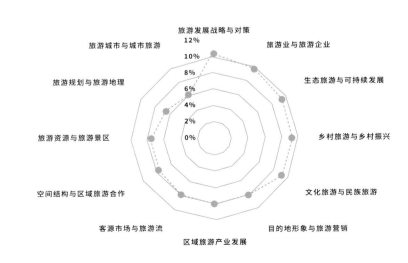

图2 1979—2018年中国（大陆）旅游规划各知识域文献总量占比统计图

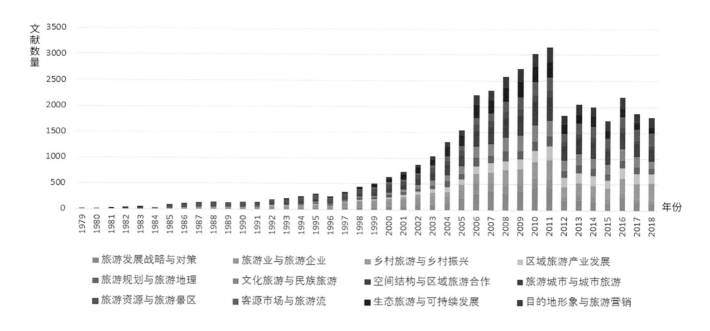

图3 1979—2018年中国（大陆）旅游规划各知识域历年文献数量分布图[②]

心期刊文献数量基本呈现上升的趋势；2012年开始整体回落并呈波动状态，而同年的所有"旅游规划"核心期刊文献数量也有较大回落；相比之下，以"旅游"为主题的核心文献也呈下降趋势，基本上与收录的期刊调整的时间相一致，因此可以判断是受旅游相关期刊的收编目录及载文量变化影响。

旅游规划知识域既有量的积累，更应该重视质的飞跃。从图4可以看出十二大知识域主题从1979年到2018年历年的占比变化情况，相比绝对数量的增长，观察知识域中文献比例此消彼长的趋势，更有助于解读旅游知识域发展的热点和学科知识积累的结构，有利于归纳出不同的知识域积累阶段及不同的知识域类型。

现在，学界回顾旅游规划研究的发展历程时，以中国旅游五年规划为线索，将旅游规划发展划分为

萌芽初探、探索发展、成长提高、科学发展和理论创新几个阶段（苗红 等，2014），以旅游规划召开的几次全国性研讨会推动了研究的发展为依据，将中国旅游规划研究进展划分为前期探索阶段和实证研究阶段、理论研究阶段（范业正 等，2003）。在中国旅游规划发展到第30年时，旅游规划的研究进展被划分为系统性供给短缺和概念式思想启蒙的"百家争鸣"阶段、政府主导型战略中的"三国演义"阶段、制度性瓶颈约束下的"规范化"和"市场化"阶段（董观志 等，2010）。还有学者将中国旅游规划发展划分为资源基础旅游规划阶段、市场导向旅游规划阶段和目的地整合旅游规划阶段，并分别对各个时期的时代背景、核心理论和方法、重要著作和代表人物进行了述评（邹统钎 等，2009）。本文参考前人的划分依据

和方法，结合旅游规划十二大知识域的年度波动趋势特征（图4），在时间维度上将旅游规划的研究知识积累进程划分为三个阶段：

第一阶段，平缓发展期（1979—1999年）。旅游规划开始进入研究视野，研究相对滞后，文献发表数量较少，阶段年均载文量仅为200余篇。前期基本呈偶发状态，后期有所上升，但年度载文量仍少于500篇。总体趋势不断地向上，表明旅游规划研究在这一阶段正逐步受到更多学者关注，学科发展不均衡，发表的文章主要集中于"旅游业与旅游企业"和"旅游资源与旅游景区"。

第二阶段，快速发展期（2000-2010年）。旅游规划在前一准备阶段的基础上迎来了起飞式的发展，研究受到重视，增势明显，文献发表数量大幅提升，年均载文

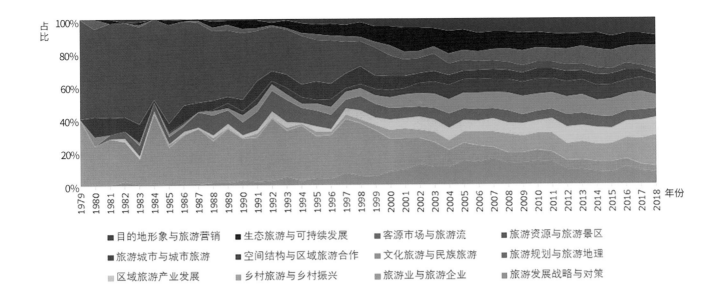

图4 1979-2018年中国（大陆）旅游规划各知识域历年文献比例分布图

增长量达到 252 篇，年度载文量到 2011 年达到峰值，高达 3153 篇。该阶段年均载文量达到 1960 篇，是上一阶段的 9 倍之多。旅游规划在这一阶段呈繁荣发展态势，学术界对旅游规划展开持续讨论，各知识域均呈现良好发展态势，部分知识域出现大幅度波动，总体占比向着均衡化的方向发展。

第三阶段，优质发展期（2011—2018 年）。经过前一阶段的加速积累，旅游规划已发展为一个趋于成熟的热点学科。2012 年年度载文量首次下降，随后则逐步在小幅波动中趋于平稳，此阶段年均载文量为 1924 篇。发展阶段的演变态势，部分知识域凭借大幅或快速增长，占了较大比例；部分知识域在长期的演变过程中趋于成熟，占比明显缩减，整体上还是呈现出"齐头并进"的蓬勃发展态势。

3 旅游规划研究知识域的类型划分

划分 40 年的旅游规划知识域类型时，可以采用知识域的总体数量占比和其变化浮动情况两个维度。借助统计学工具，对十二大知识域时间维度上的首尾差、方差、均值等参数和指标进行计算、比对和分析，可以将十二大知识域划分为稳定发展型、分化发展型、长尾发展型和扩张发展型四大类。其中，旅游规划与旅游地理、旅游城市与城市旅游属于稳定发展型知识域，旅游业与旅游企业、旅游资源与旅游景区属于分化发展型知识域，旅游发展战略与对策、生态旅游与可持续发展属于长尾发展型知识域，区域旅游产业发展、目的地形象与旅游营销、空间结构与区域旅游合作、文化旅游与民族旅游属于 S 型增长扩张发展型知识域，乡村旅游与乡

村振兴、客源市场与旅游流属于 J 型增长扩张发展型知识域。以下对四大类知识域的分类标准和特征进行详细论述（表 1）。

表1 知识域类型及十二旅游规划知识域归属

知识域类型		旅游规划知识域
稳定发展型		旅游规划与旅游地理、旅游城市与城市旅游
分化发展型		旅游业与旅游企业、旅游资源与旅游景区
长尾发展型		旅游发展战略与对策、生态旅游与可持续发展
扩张发展型	S型增长	区域旅游产业发展、目的地形象与旅游营销、空间结构与区域旅游合作、文化旅游与民族旅游
	J型增长	乡村旅游与乡村振兴、客源市场与旅游流

第一类，"稳定发展型知识域"。"稳定发展型知识域"的文献比例在时间维度上的方差小、首尾差小，说明该类型知识域自始至终所占比例都较为有限，没有波动，发展较为平缓、平衡。"旅游规划与旅游地理"和"旅游城市与城市旅游"属于此类，它们的文献数量比例变化最缓和、趋于稳定，且占比稳定在 7% 左右，整体偏小。这两大知识域都属于旅游研究的学术基础，即便受到短期的学术、政策或市场热潮影响，也一直处于"风雨不动安如山"的稳定发展状态。

第二类，"分化发展型知识域"。"分化发展型知识域"的文献比例在时间维度上方差大、首尾差大且为负，并且在当今发表的学术文章中占比低，可能因为该类型知识域的研究积累已经趋于饱和。"旅游业与旅游企业"和"旅游资源与旅游景区"属于此类，它们在 40 年中的文献比例呈大幅度缩减，从最高起点逐步演变为最低落点。这两大知识域都属于旅游实践的前沿，在研究开展的前期分别"瓜分"了文献数量的 40% 和 60%，并且因为基数大、持续时间长，所以平均占比也位列十二大知识域的前两位；但是随着学科的发展和成熟，至 2001—2002 年前后，出现了一个较大的知识域分野，这两大知识域的占比出现了一定程度的缩减，整体上，十二大知识域开始呈现一种"精细作业"、均衡发展的态势。

第三类，"长尾发展型知识域"。"长尾发展型知识域"的文献比例在时间维度上呈现一种明显的先增后减的倒 U 形曲线变化，方差较大，说明该类型知识域受内部或外部"涌现"出的一定的发展动力的影响，从而经历了一个"黄金期"，整体发展上呈一个逐步增长、高速增长、平稳增长的序列，未来或需要一定的助推力，即可以拥有较大的发展潜力。"旅游发展战略与对策"和"生态旅游与可持续发展"属于此类，它们在 40 年中的文献占比先升后降，落点居中。这两大知识域的"黄金期"都出现在 2000 年至 2012 年前后，那时正是旅游行业发展与变革的拓展阶段；在此期间，这两大知识域都成为学术研究的绝对焦点（除去分化发展型知识域长期的高占比），在学术舞台上大放异彩。2012 年之后，该类型知识域的占比逐渐回落到一个略微低于平均水平的状态。

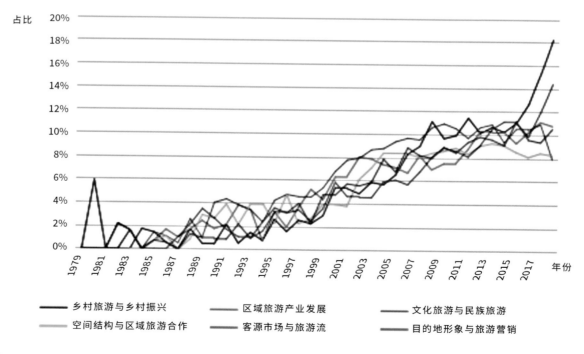

图5 1979—2019年扩张发展型知识域历年文献比例增长图

第四类，"扩张发展型知识域"。"扩张发展型知识域"的文献比例在时间维度上方差适中、首尾差较大且为正，在当今发表的学术文章中普遍高于均值，拥有一定的发展潜力。其余六个知识域都属于此类，它们在40年中都处于波动上升的状态（除去"文化旅游与民族旅游"在2018年经历一个下跌），落点均显著高于平均值，是旅游规划学科时下的研究热点。具体细分，不同知识域的增长幅度和速度有所不同，大致可以分为两个小类：第一类，"乡村旅游与乡村振兴"属于大幅快速增长型，"客源市场与旅游流"属于大幅逐步增长型，通过绘制增长曲线可以看出它都属于"J型增长"；第二类，"区域旅游产业发展"和"目的地形象与旅游营销"属于适中逐步增长型，"空间结构与区域旅游合作"和"文化旅游与民族旅游"属于小幅逐步增长型，通过绘制增长曲线，可以看出它们都接近"S型增长"。1979—2019年发展型知识域历年文献比例增长情况如图5，可以看出增长分为"J型增长"和"S型增长"两种类型。

4 结论与展望

总体来说，目前旅游规划研究学科积累已有一定成果，十二大知识域都受到了学界的重视，并有相关讨论，皆具备一定程度的知识积累，分门别类地形成了专有研究方向，其内部有一定有机的逻辑关系，结构初步形成。40年的旅游规划知识积累与地理、旅游、城市规划等学科形成了积极的知识互动，为中国的旅游产业发展提供了探索性和前瞻性的科学支持。

但值得注意的是，旅游规划的学科的地位仍然有待加强，知识域结构还有待进一步优化。现有的研究主题主要关注经典理论及其在实际场景中的应用，研究主题的多样性有待持续深化；新兴的研究热点与中国的发展紧密相关，在建设美丽中国的背景下，乡村旅游规划研究风头正劲，方兴未艾，文化和旅游一体化是社会发展的必然趋势，文化旅游规划是对这一概念整体的系统性解读，具有开创性，是一个亟须研究补充的热点知识域；现有的旅游规划的知识域多基于地理学、管理学、心理学学科的理论范式，理论创新性有待进一步加强，研究方法的交叉转型和多元融合也需进一步加强。

注释

①1992年之前因无中文核心期刊划分，期刊整体发表数量较少，均纳入数据分析。

②图3是采用1992年核心期刊占全部期刊的比重（约0.6）作为平滑指数对1979-1991文献篇数处理后得到的结果。

参考文献

陈传康，1996. 城市旅游开发规划研究进展评述［J］. 地球科学进展（5）：508-512.

董观志，张银铃，2010. 中国旅游业、旅游学和旅游规划的30年述评［J］. 人文地理，25（3）：1-4.

冯立新，任劲劲，2017. 2000年以来中国旅游规划创新热点研究［J］. 云南地理环境研究，29（1）：16-21.

范业正，胡清平，2003. 中国旅游规划发展历程与研究进展［J］. 旅游学刊（6）：25-30.

苗红，薛冰，姜森，等，2014. 中国旅游五年规划发展历程研究［J］. 宁夏工程技术，13（1）：81-86.

刘滨谊，2001. 旅游规划三元论：中国现代旅游规划的定向·定性·定位·定型［J］. 旅游学刊（5）：55-58.

刘德谦，2003. 旅游规划需要新理念：旅游规划三议［J］. 旅游学刊（5）：41-46.

陆林，2014. 旅游规划实践的若干思考［J］. 旅游学刊，29（6）：6-7.

吴承照，2009. 中国旅游规划30年回顾与展望［J］. 旅游学刊，24（1）：13-18.

吴必虎，俞曦，2010. 旅游规划原理［M］. 北京：中国旅游出版社.

吴必虎，2013. 旅游规划的自由与约束：法规、标准与规范［J］. 旅游学刊，28（10）：4-5.

谢彦君，2003. 旅游与接待业研究：中国与国外的比较：兼论中国旅游学科的成熟度［J］. 旅游学刊（5）：20-25.

周波，周玲强，2015. 政策导向型的旅游规划问题剖析［J］. 旅游学刊，30（8）：6-8.

周玲强，张文敏，2010. 2000年以来我国旅游规划研究领域热点问题综述［J］. 浙江大学学报（人文社会科学版），40（2）134-143.

邹统钎，万志勇，2009. 中国旅游规划思想的演变（下）：中国旅游规划30年回顾与反思［J］. 北京第二外国语学院学报，31（7）：13-22.

邹统钎，万志勇，2009. 中国旅游规划思想的演变（上）：中国旅游规划30年回顾与反思［J］. 北京第二外国语学院学报，31（5）：1-7.

GUNN C A V T，2002. Tourism planning：basics, concepts, cases［M］. London：Routledge.

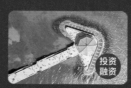

古村镇大会
选址办法

大会概要

　　中国古村镇大会创办于2015年，迄今已成功举办四届，是国内迄今为止唯一一个超部门、多学科、跨行业的开放性古村镇领航大会。大会以公益开放的心态，整合国内外高端思想资源，联合全国关心古村、文化传承和乡村发展的社会各界人士，增强社会爱护古村的意识，积极探索路径让古村更好地传承发展下去，以期探索有益于古村保护和可持续经营的发展道路，缔造国内顶尖的新锐思想圈，成就中国古村保护活化民间最权威、最具影响力的智力机构和合作平台。

选址目的

　　古村镇大会选址目的是建立一个为中国传统村落和古村重要事务对话的公共平台。会址选定以市（县）为单位，在与会各方交流、合作，并就大会主题、事务达成初步共识的同时，寻求与会址间的共赢发展。

　　古村镇大会的举办将推进会址所在地包括乡村旅游、投融资、产业建设与整合、形象推广在内的多方面共同发展，为产业生态圈及乡村建设提供有利契机：

★快速提高村镇知名度　★大力推进重点项目建设　★整体提高干部群众观念　★全方位引入智力资源　★促进项目合作与落地

选址条件及选定

　　古村镇大会年度会址选择范围原则上限定于传统村落或古村落分布较多的区域。

（一）该区域具备鲜明的村落地域文化特点（较多的古村落、实践较好的村落案例等）。

（二）无偿提供可容纳至少500人的会议场所，具备食宿接待基本设施。

（三）为大会提供基本筹备费用，具体内容可与大会秘书处接洽。

（四）会址所在地政府对于古村镇大会的举办给予政策认可和支持，并于当地及周边政府机构予以宣传推荐。

（五）会址所在地应具备较有特色的产业体系及开放、包容的投资环境。

业界推荐　**实地考察**　**综合评审**　采取"业界推荐、实地考察、综合评审"的方式确定年度会址所在地。

联系方式

大会秘书处：
中国·深圳·龙华区大浪街道龙平社区和平里399号和平里花园一期D座3004

WeChat：gucunhui

大会官方二维码

招募民宿合伙人
大吉祥村共生社区

艺术中心

山水乡村

恬静院落

自有农场

丰富活动

大吉祥村

北京正北70km处静谧山地乡村
长城、山林、花海、星空、云海
城镇化的基础设施、艺术中心、登山步道、生态农场
合拍的邻里、健康的食物、热闹的节气
这里逐渐成为孩子们喜欢的无边际的自然学校
越来越多人在这里找到了理性回归乡村的方式

招募发起人

大树与猫民宿品牌团队，致力于大吉祥乡村品牌的
打造以及大吉祥村共生社区平台的运营。
项目地点： 北京市延庆区四海镇大吉祥村

招募民宿合伙人

◆　　获得一处宅基地15~20年使用权益，联合专业设计师
订制设计有自己个性的院子
◆　成为院子的主人，自住度假的同时，兼顾运营、回收投
资，闲时由专业民宿运营团队打理，收获运营流水分红，
快速回笼资金

平台团队将提供

◆　专业的设计、施工管理和后续运营服务
◆　有品质的公共空间、活动体系和服务体系
◆　维护村子的邻里关系
◆　共享统一的品牌和市场